四特 教育系列丛书 SITEJIAOYUXILIECONGSHU

U0724293

# 静态写作指导

《"四特"教育系列丛书》编委会　编著

吉林出版集团股份有限公司
全国百佳图书出版单位

图书在版编目（CIP）数据

静态写作指导／《"四特"教育系列丛书》编委会编著.
—长春：吉林出版集团股份有限公司，2012.4
（"四特"教育系列丛书／庄文中等主编.学生阅读与
作文方法指导）
ISBN 978-7-5463-8707-9

I.①静… Ⅱ.①四… Ⅲ.①作文课－中小学－教学参考
资料 Ⅳ.① G634.343

中国版本图书馆 CIP 数据核字（2012）第 044003 号

静态写作指导

JINGTAI XIEZUO ZHIDAO

| | | |
|---|---|---|
| 出 版 人 | 吴　强 | |
| 责任编辑 | 朱子玉　杨　帆 | |
| 开　　本 | 690mm×960mm 1/16 | |
| 字　　数 | 250 千字 | |
| 印　　张 | 13 | |
| 版　　次 | 2012 年 4 月第 1 版 | |
| 印　　次 | 2023 年 2 月第 3 次印刷 | |

| | |
|---|---|
| 出　　版 | 吉林出版集团股份有限公司 |
| 发　　行 | 吉林音像出版社有限责任公司 |
| 地　　址 | 长春市南关区福祉大路 5788 号 |
| 电　　话 | 0431-81629667 |
| 印　　刷 | 三河市燕春印务有限公司 |

ISBN 978-7-5463-8707-9　　　　　定价：39.80 元

# 前　言

　　学校教育是人一生中所受教育最重要组成部分,个人在学校里接受计划性的指导,系统地学习文化知识、社会规范、道德准则和价值观念。学校教育从某种意义上讲,决定着个人社会化的水平和性质,是个体社会化的重要基地。知识经济时代要求社会尊师重教,学校教育越来越受重视,在社会中起到举足轻重的作用。

　　"四特教育系列丛书"以"特定对象、特别对待、特殊方法、特例分析"为宗旨,立足学校教育与管理,理论结合实践,集多位教育界专家、学者以及一线校长、老师们的教育成果与经验于一体,围绕困扰学校、领导、教师、学生的教育难题,集思广益,多方借鉴,力求全面彻底解决。

　　本辑为"四特教育系列丛书"之《学生阅读与作文方法指导》。

　　阅读能力被著名教育家苏霍姆林斯基称之为学习技能的五把刀子之一,它不仅是语文学习能力的主要构成因素,也是训练学生的表达能力的重要途径,还是一切智力活动的基础。因此,有效阅读一直就是语文教学的核心,要提高语文能力,提升语文素养,必须加强有效阅读。

　　作文是人们交流思想和社会交际的重要工具。生活在现实社会里,无论你从事什么行业,都离不开写作,写作是人类生活的基本工具,是每一个社会成员搞好各项工作必须应具备的一种起码素质。本书从肖像、语言、行动、心理、场面、景物、静态、状物、抒情和话题等方面,为广大青少年提供了实际指导和范文阅读,使大家不仅可以学到作文的知识,还能感受到好词好句好段中所蕴含的优美意境,能够受到精神的陶冶。

　　本辑共20分册,具体内容如下:

　　1.《肖像描写阅读指导》

　　肖像描写即描绘人物的面貌特征,它包括人物的身材、容貌、服饰、打扮以及表情、仪态、风度、习惯性特点等。肖像描写的目的是以"形"传"神",刻画人物的性格特征,反映人物的内心世界。描是描绘,写是摹写。描写就是用生动形象的语言,把人物或景物的状态具体地描绘出来。这是一般记叙文和文学写作常用的表达方法。本书针对学生如何高效阅读肖像描写类文章进行了系统而深入的分析和探讨,并给予了切实的指导,对中小学生颇有启发意义。

　　2.《语言描写阅读指导》

　　语言描写是塑造人物形象的重要手段。成功的语言描写总是鲜明地展示人物的性格,生动地表现人物的思想感情,深刻地反映人物的内心世界,使读者"如闻其声,如见其人",获得深刻的印象。本书针对学生如何高效阅读语言描写类文章进行了系统而深入的分析和探讨,并给予了切实的指导,对中小学生颇有启发意义。

　　3.《行动描写阅读指导》

　　行动描写是刻画人物的手法之一,是塑造人物的主要手段。行动是人物思想性格的直接表现,因此,人物的行动描写就要善于抓住人物具有特征性的动作,从而展示人物的精神面貌,反映人物的性格特征,塑造出个性鲜明的人物形象。本书针对学生如何高效阅读行动描写类文章进行了系统而深入的分析和探讨,并给予了切实的指导,对中小学生颇有启发意义。

4.《心理描写阅读指导》

心理描写是指在文章中,对人物在一定的环境中的心理状态、精神面貌和内心活动进行的描写。是作文中表现人物性格品质的一种方法。最常用的是描写人物的内心独白,写出人物的所思所想,让人物一无遮掩地吐露自己的心声,说出他的欢乐和悲伤、矛盾和愁郁、忧虑和希望,使读者穿透人物外表,看到人物的内心世界。本书针对学生如何高效阅读心理描写类文章进行了系统而深入的分析和探讨,并给予了切实的指导,对中小学生颇有启发意义。

5.《场面描写阅读指导》

场面描写,就是对一个特定的时间与地点内许多人物活动的总体情况的描写。它往往是叙述、描写、抒情等表述方法的综合运用,是自然景色、社会环境、人物活动等描写对象的集中表现。场面描写要表现出一种特定的气氛要综合运用记叙、描写、抒情、议论等表达手段,以及映衬、象征等多种手法,这样才能使场面变成一幅生动而充满感染力的图画。本书针对学生如何高效阅读场面描写类文章进行了系统而深入的分析和探讨,并给予了切实的指导,对中小学生颇有启发意义。

6.《景物描写阅读指导》

景物描写,是指对自然环境和社会环境中的风景、物体的描写。景物描写主要是为了显示人物活动的环境,使读者身临其境。本书针对学生如何高效阅读景物描写类文章进行了系统而深入的分析和探讨,并给予了切实的指导,对中小学生颇有启发意义。本书不仅提供了学生有效阅读同范文,还提供了相应的阅读把握方法等,具有很强的系统性、实用性、实践性和指导性。

7.《风俗描写阅读指导》

风俗习惯指个人或集体的传统风尚、礼节、习性。是特定社会文化区域内历代人们共同遵守的行为模式或规范。风俗由于一种历史形成的,它对社会成员有一种非常强烈的行为制约作用。风俗描写主要包括民族风俗、节日习俗、传统礼仪等等。本书针对学生如何高效阅读风俗描写类文章进行了系统而深入的分析和探讨,并给予了切实的指导,对中小学生颇有启发意义。

8.《记叙文阅读指导》

阅读记叙文必须注意把握文章的基本要素,理清记叙的顺序以及线索,准确理解记叙中的描写议论和抒情。只有这样,才能从整体上全面把握记叙文的内容,理解作者的写作意图和文章所反映的中心思想。本书针对学生如何高效阅读记叙文进行了系统而深入的分析和探讨,并给予了切实的指导,对中小学生颇有启发意义。

9.《抒情散文阅读指导》

抒情散文主要是抒发作者对现实生活的感受、激情和意愿。抒情散文抒发的是怎样的感情,如何抒发,都与文章揭示的思想意义是否深广有极大的关系。本书针对学生如何高效阅读抒情散文进行了系统而深入的分析和探讨,并给予了切实的指导,对中小学生颇有启发意义。本书不仅提供了学生有效阅读同范文,还提供了相应的阅读把握方法等,具有很强的系统性、实用性、实践性和指导性。

10.《话题性范文阅读指导》

话题性文章一般与学生的生活实际联系的最紧密,学生应该有话可写。但由于话题比较宽泛,要出采也不容易。写作的关键在于把话题转化,或化大为小,或化抽象为具体。本书针对学生如何高效阅读话题性文章进行了系统而深入的分析和探讨,并给予了切实的指导,对中小学生颇有启发意义。

11.《肖像写作指导》

肖像描写即描绘人物的面貌特征,它包括人物的身材、容貌、服饰、打扮以及表情、仪态、风度、习惯性特点等。肖像描写的目的是以"形"传"神",刻画人物的性格特征,反映人物的内心世界。描是描绘,写是摹写。描写就是用生动形象的语言,把人物或景物的状态具体地描绘出来。本书针对学生如何提高肖像描写类作文写作水平进行了系统而深入的分析和探讨,并给予了切实的指导,对中小学生颇有启发意义。

12.《语言写作指导》

语言描写是塑造人物形象的重要手段。成功的语言描写总是鲜明地展示人物的性格,生动地表现人物的思想感情,深刻地反映人物的内心世界,使读者"如闻其声,如见其人",获得深刻的印象。本书针对学生如何提高语言描写类作文写作水平进行了系统而深入的分析和探讨,并给予了切实的指导,对中小学生颇有启发意义。

13.《行动写作指导》

行动描写是刻画人物的手法之一,是塑造人物的主要手段。行动是人物思想性格的直接表现,因此,人物的行动描写就要善于抓住人物具有特征性的动作,从而展示人物的精神面貌,反映人物的性格特征,塑造出个性鲜明的人物形象。本书针对学生如何提高行动描写类作文写作水平进行了系统而深入的分析和探讨,并给予了切实的指导,对中小学生颇有启发意义。

14.《心理写作指导》

心理描写是指在文章中,对人物在一定的环境中的心理状态、精神面貌和内心活动进行的描写。是作文中表现人物性格品质的一种方法。最常用的是描写人物的内心独白,写出人物的所思所想,让人物一无遮掩地吐露自己的心声,说出他的欢乐和悲伤、矛盾和愁郁、忧虑和希望,使读者穿透人物外表,看到人物的内心世界。本书针对学生如何提高心理描写类作文写作水平进行了系统而深入的分析和探讨,并给予了切实的指导,对中小学生颇有启发意义。

15.《场面写作指导》

场面描写,就是对一个特定的时间与地点内许多人物活动的总体情况的描写。它往往是叙述、描写、抒情等表述方法的综合运用,是自然景色、社会环境、人物活动等描写对象的集中表现。场面描写要表现出一种特定的气氛要综合运用记叙、描写、抒情、议论等表达手段,以及映衬、象征等多种手法,这样才能使场面变成一幅生动而充满感染力的图画。本书针对学生如何提高场面描写类作文写作水平进行了系统而深入的分析和探讨,并给予了切实的指导,对中小学生颇有启发意义。

16.《景物写作指导》

景物描写,是指对自然环境和社会环境中的风景、物体的描写。景物描写主要是为了显示人物活动的环境,使读者身临其境。本书针对学生如何提高景物描写类作文写作水平进行了系统而深入的分析和探讨,并给予了切实的指导,对中小学生颇有启发意义。本书除了提供各种作文的方法外,还提供了大量的好词、好段、好句供广大学生作文时参考借鉴,因此具有很强的系统性、实用性、实践性和指导性。

17.《静态写作指导》

在写物的静态时,我们要尽量去发掘这一静物的动态。如果我们要状写这些不可能有动态的物,那么,我们要去发现他们的质感和有活力的部分。如果我们抓住这些来写,那么,那些静静躺在盘子里,平平睡在盒子里的东西也会生出许多引人的魅力来。总之,我们写物的静态时,要尽量找些鲜活的因素来描上几笔,而且,这几笔往往是最最传神的。本书针对学生如何提高静态描写类作文写作水平进行了系统而深入的分析和探讨,并给予了切实的指导,对中小学生颇有启发意义。

18.《状物写作指导》

状物类作文,以"物"为描述的中心和文章的线索,或寓情于物,或托物言志,融知识性与趣味性于一体,表达文章的题旨。这是学生喜闻乐见的一种写作形式。因此,加强状物类作文的指导,既是学生的一种心理需求,也是新的课程标准的目标之一。本书针对学生如何提高状物类作文写作水平进行了系统而深入的分析和探讨,并给予了切实的指导,对中小学生颇有启发意义。

19.《抒情写作指导》

写抒情散文,重在"情"字。一篇文章要打动读者的感情,作者首先要自己动感情,把感情融注到字里行间。作家魏巍说过:"写好一篇东西,能打动人心,就要把心捧给读者。"把心捧给读者,就是要吐真情,有真意,让情真意切的行文去感动读者。本书针对学生如何提高抒情散文写作水平进行了系统而深入的分析和探讨,并给予了切实的指导,对中小学生颇有启发意义。

20.《话题写作指导》

要想写好话题作文,除了审题命题外,要注意选择自己最熟悉的事情,用自己真实的感情,另外还要选择自己应用得最拿手的文体,需要注意的是,话题作文也要注意体裁的确定,虽然作文的要求是让你自由选择文体,但是你一旦选择了某种文体,就一定要体现这种文体的特点,切不可写成四不象的作文来。总之,话题作文的写作给了你发挥自己写作优势的天地,只要选择自己最擅长的去写,你就会取得不错的成绩。本书针对学生如何提高话题作文写作水平进行了系统而深入的分析和探讨,并给予了切实的指导,对中小学生颇有启发意义。

由于时间、经验的关系,本书在编写等方面,必定存在不足和错误之处,衷心希望各界读者、一线教师及教育界人士批评指正。

编者

# 目　录

# 第一章

# 静态写作指导

# *1.* 什么叫静态描写

静态描写，是指记叙文中对人物、景物作静止状态下的描摹状写，创造生动具体的感人形象的一种写作方法。静态描写应注意不要过于细致，以免使读者感觉呆板、冗长而影响可读性。

描写范围包括：景物或人物整体的样子、位置、颜色、形状、细部的变化等。

静态描写是记叙文写作中使用最普遍、最基本的一种表现手法。就其手法说，主要有白描、细描等；就描写对象说，有人物描写和景物描写等。这种描写是为客观事物本体造形，以寄托作者的情感，也为读者创造了具体感人的形象，从而实现描写的目的。

# *2.* 静态描写的技巧

我们写作文的时候，经常要对一些物体、景物、人物等处于静止或暂时静止的状态进行描写，这就是静物描写。静物描写并不难，只要能掌握"有序"、"有物"、"有情"，你就可以初步写好静物了。

**言之有序**

静物描写大致可按以下几种顺序进行：

（1）对所写静物按整体到部分再回到整体的顺序描写。如描写学校的图书馆，可以从整体上描写图书馆的形状、结构，再描写每一部分的情况，然后回到整体上来。

（2）对所写静物按方位的顺序描写。如写一座塔，可按从下到上，从塔座到塔身再到塔尖的顺序描写；也可以按从上到下，由塔尖到塔身再到塔座的顺序描写；还可以按从外到内，从内到外的顺序写出塔的构造和全貌。

(3) 对所写静物按构成物体的不同方面的顺序进行描写。如写一种水果，可以从形状、颜色、滋味几方面依次描写。

**言之有物**

要抓住静物的重点和特点进行描写。

对静物的重点部分各个方面的描写要写细，比如我们描写一盆菊花，就要把它的茎、叶、花各部分写全。在写菊花的茎、叶、花时，必须细致描写茎的形状、粗细、高矮、颜色；叶的形状、颜色，特别是花的颜色、形状以及它的特点等等。这样写出来的作文才有可能具体、生动。

对于静物的特征描写，要抓住它突出部分进行描写。我们描写时，既要注意静物的共性，也要注意静物的个性。例如《赵州桥》，就是抓住桥的坚固和美观这两大特点去描写的；《桂林山水》是抓住桂林山水的奇、秀、险，和漓江的静、清、绿的特点来描写的。

**言之有情**

描写静物时，除了把静物的特征写出来，还要融入作者的情感，如陶渊明喜爱菊花的孤芳自赏，周敦颐喜爱莲花出污泥而不染的高洁，林和靖喜爱梅花的傲寒坚韧等。为了使"物"富有灵性，可以采用拟人的写法，再加上联想、想像、比喻等技巧的运用，使"物"蕴含的情感更丰富。

总之，在静态描写时，要按照一定的顺序，抓住重点和特点，充分运用拟人、联想、想像、比喻等技巧，倾注自己的情感。同学们试试看，你一定能写好关于静态描写的作文。

# 3. 静态与动态描写的区别

静态描写是指平面地静止地对人物或景物进行描写。例如：

这地方的火烧云变化极多，一会儿红彤彤的，一会儿金灿灿的，一会儿半紫半黄，一会儿半灰半百合色。葡萄灰、梨黄、茄子紫，这些颜色天空都有，还有些说也说不出来、见也没见过的颜色。

上面的这段静态描写，表现火烧云颜色的变化极多。

动态猫写是指描写对象（景物或人物）在运动中的状态。以动来写静，或把物用拟人化的手法进行描写。描写范围包括：活动中的人们、阳光的变化、水流、云朵、风中的叶子等。例如：

一会儿，天空出现一匹马，马头向南，马尾向西。马是跑着的，像等人骑上它的背，它才站起来似的。过了两三秒钟，那匹马大起来了，腿伸开了，脖子也长了，尾巴却不见了。看的人正在寻找马的尾巴，那匹马却变模糊了……

上面这段动态描写，表现火烧云形状地变化极多。

## 4. 静态与动态交融的方法

同学们在写作文时，有时要进行静态或动态描写。事物的静态是指人或物处在静止或稳定的状态。花草树木、高山、建筑、停泊的船只、教室的黑板、人物的外形外貌等，都是静态。

对事物的静态进行描写时，首先要做到具体确切，描写和摹写出来以后使读者如见其人，如临其境。这就要在观察事物的静态上下功夫，看看要描写的静物到底是什么样子；其次，描写时可以按照事物

的本来面目直接勾画；更多的是用丰富多彩的词汇，形象确切的比喻及活泼生动的句式，这样描写出来才能生动逼真，如对阵雨过后景物的描写，有"树木被冲洗得一尘不染，碧绿的叶子上滚动着一滴滴小水珠，晶莹剔透，可爱极了。"有"大雨过后，空气像被滤过似的，多么舒服啊！"等等描述。

事物的动态是指人和事物处在活动变化时的状态。摇动的树枝、飘动的旗帜、奔腾的河流、飞驰的汽车、劳动的人们、飞翔的小鸟等等都是事物的动态。事物的动态是不停地活动和变化的，而且这种活动和变化是有一定的程序的。学生描写事物的动态时，就要注意事物在发展变化中某一时刻的情景，抓住这一情景的变化特征作为描写对象，如记叙人物的动态，可抓住人物的动作表情来描写，对《我的奶奶》这个文题，有的同学在作文中写道："……奶奶从门旁的灶火前慢慢站起来，用手将了将飘在额前的一缕白发，眯起眼向院子里张望着。当我跑上前去喊了一声奶奶时，她那满是皱纹的脸上立时露出慈祥而兴奋的笑容。"这样，奶奶的形象就跃然纸上了。

一篇好文章，既有静态描写，又有动态描写，动静结合，才更能令读者回味无穷，流连忘返。

## 5. 静动交融的描写技巧

唐宋八大家之一的欧阳修在《醉翁亭记》中，一开篇就写到"醉翁亭"，"峰回路转，有亭翼然临于泉上者。"这里的"亭"本来是一种静态的建筑物，"翼然"是飞鸟展翅的样子。他在这里所描写的"亭"是四角翘起像鸟一样张开翅膀，高高地站在泉水上面。使人联想到，在美丽的山水间，一座亭子四角如翼，凌空而起，姿态翩然。真是静中有动，令人陶醉。同样，毛泽东同志在《沁园春·雪》中，描绘登高远望"北国风光"的雪景时，有这样一句"山舞银蛇，原驰蜡象"，这也是一个绝妙的描写，展现在我们脑海中的是，群山恰似银蛇在舞动，高原好像白象在奔驰。静止的景物动化了。可以说，这样的描写是非常形象、生动、传神。作者对祖国大好山河的赞美与热爱之情溢于言表。

这些成功的例子就在于作者注意到对事物的静态与动态地描写，并采取形态"异化"的方式，做到以静写动，化静为动，动静结合，使景物或场面活化起来，产生画面动静交融的和谐美。

世界上的万事万物，都是以静、动两种状态存在的，我们描写事物也必然要从这两种形态入手。在对于某些具体事物描写中，为了表达的需要，无论我们对其静止状态的描绘，还是对其运动状态的描写，只要我们抓住特征，注入内心强烈的情感都会给人以深刻的印象。在《风景谈》一文中，作者对于处于动态的人，进行了静态造型化的描写：

清晨，窗纸微微透白，万籁俱静，嘹亮的喇叭声，破空而来。我忽然想起了白天在一本贴照簿上所见的第一张，银白色的背影前一个淡黑的侧影，一个号兵举起了喇叭在吹，严肃、坚决、勇敢和高度的警觉，都表现在小号兵的挺直的胸膛和高高的眉棱上边。我赞美这摄影家的艺术，我回味着，我从当前的喇叭声中也听出了严肃、坚决、勇敢和高度的警觉来，我披衣出去，打算看一看。空气非常清冽，朝霞笼住了左面的山，我看见山峰上的小号兵了，霞光射住他，只觉得他的额角异常发亮。

在这里，作者除了对环境作了静态描写之外，为给人一种凝重、

庄严、坚定的感受，先联系照相簿上的号兵的侧影，让人想象出这位充满朝气和活力的小号兵的形象，再从号中听出小号兵的内心世界严肃、坚决、勇敢和高度警觉。然后再正式描写小号兵的静态形象，清冽的空气、绚丽的朝霞、秀美的山峰，映衬着小号兵的勃勃英姿，"他的额角异常发亮"又让人联想到小哨兵的严肃、坚决、勇敢和高度的警觉。这样，一个飒爽英姿，充满抗日斗志的小号兵的形象就栩栩如生，跃然纸上了。

对景物的静态描写，朱自清先生的《荷塘月色》，反映他对当时的白色恐怖的严酷现实地不满，以及他苦闷彷徨，希望在一个幽静的环境中寻求精神上的解脱而又无法解脱的心情。所以作者在文章中，为了营造这种氛围，他作了一些景物的静态描写，如他对荷塘周围环境的描写：

沿着荷塘，是一条曲折的小煤屑路。这是一条幽僻的路，白天也少人走，夜晚更加寂寞。荷塘四面，长着许多树，蓊蓊郁郁的，路的一旁，是些杨树和一些不知道名字的树。没有月光的晚上，这路上阴森森的，有些怕人。今晚却很好，虽然月光也还是淡淡的。

这段静态描写，用幽僻的路，蓊蓊郁郁的树，淡淡的月光，既简要地描写了荷塘周围的情景，同时也进一步烘托了作者内心的世界。

对事物的动态描写，可以避免呆板、僵化、枯燥。例如对人物行为的动态描写，可以表现人物的心理、性格、风度，使人物形象更加鲜明感人。朱自清先生《背影》中父亲为"我"去买桔子时的一段描述：

……我看见他戴着黑布小帽，穿着黑布大马褂，深青布棉袍，蹒跚地走到铁道边，慢慢探下身去，尚不太难。可是他穿过铁道，要爬上那边月台，就不容易了。他用两手攀着上面，两脚再向上缩；他肥胖的身子向左微倾，显出努力的样子。

对这段描写，我们不能单单地看到父亲的一连串的动作，而是透过这些动作，看到"父亲"的体态：如"走"是"蹒跚"的，"探"是"慢慢"的，"微倾"的身子是"肥胖"的等等。通过这些体态，把肥胖衰竭、老态龙钟、爱子心切的慈父形象凸现出来，使"我"对父亲的深挚感情充分表达出来。

在现实中动、静两种状态往往是并存而相互组合的。因此，在写文章时，如果能巧妙地把写动态情状和写静态景状交错结合起来描绘现实图景，就会使画面丰富多彩，千姿百态，并充分展示作者情致的丰富性、多样性，也能创造出和谐统一的艺术境界。如何能实现这种和谐与统一呢？

**采取形态"异化"方式**

也就是平时所说的化静为动，以动写静等方式。例如李健吾在《雨中登泰山》一文中就有很多用"异化"方式的描写。写山上的松树"它们不怕山高，把根扎在悬崖绝壁的隙缝。身子扭得像盘龙柱子，在半空中展开枝叶，像是和狂风乌云争夺天日，又像是和清风白云游戏。有的松树望穿秋水，不见你来，独自上到高处，斜着身子张望；有的松树像一顶墨绿大伞，支开了等你；有的松树自得其乐，显出一副潇洒的模样。"这是一种典型的化静为动的写法，作者利用比喻、拟人等修辞方法，把本来是静态的松树活化起来，赋予了它人的性格，用"不怕山高"、"根扎……隙缝"、"争夺天日"、"游戏"等表现出它的坚定勇敢，用"张望"、"等你"表现它的热情，用"潇洒"来表现它"独得其乐"的情致。也正是这充满生命活力的松树给人以登上泰山的勇气。

鲁迅先生在《药》中，对华大妈和夏瑜的母亲祭扫儿子坟墓时的场面描写，用"风停，草立，发抖的声音，人站在枯草丛中，乌鸦缩着头，铁铸一般站着"，来表现"死一般的静"的环境。渲染了阴沉的气氛和悲伤的色彩。这实际上就是运用以动写静方法。古诗云："蝉噪林愈静，鸟鸣山更幽。"也就说明了这种动静"异化"的艺术辩证关系。

**运用动、静和谐统一的交错法**

也就是动中有静，静中有动，动静的有机结合。因为事物本身有动有静，只是描写静态，就容易显得枯燥板滞；反之浮动性较大又不利于构成鲜明的意境。如果把两者结合起来，就会做到静中显动，动中有静，起伏跌宕，盎然生趣。

如果我们描写的画面基本上是动态的，那么在动态描写中要注意到对静态事物的描写，这样画面就不显得过于浮动。我们学过刘白羽的《长江三峡》，他在描写船过巫峡时，整个画面是船在湍急江水中曲折前行，可以说是动态的。但他适时地加进了一段静态的描写：

突然是深灰色的石岩从高空直垂而下，浸入江心，令人想到一个巨大的惊叹号；突然是绿茸的草坂，像一支充满幽情的乐曲，特别好看的是悬崖上那一堆堆给秋霞染得红艳艳的野草，简直是满山的红杜鹃了。

以动写静，以静写美，壮中有丽、有趣，引人入胜。

如果我们描写的整个画面是静态的，我们可以灵活地插入动态的描写，使画面生机勃勃。

茅盾在《风景谈》中，描绘了一幅"山村晚归图"：

> 可是更妙的是三五月明之夜，天是那样的蓝，几乎透明似的，月亮离山顶，似乎不过几尺，远看山顶的谷子丛密挺立；宛如人头上的怒发，这时候忽然从山脊上长出两只牛角来，随即牛的全身也出现，掮着犁的人形也出现，并不多，只有三两个，也许还跟着个小孩，他们姗姗而下，在蓝的天、黑的土、银色的月光的背景上，成就了一幅剪影……

在这段描写中，在蓝天明月的静态中，穿插了晚归的耕牛，掮着犁的人影，蹦跳的小孩子，他们正姗姗而下的动态描写。这就是静中有动的写法，静，反映一种安宁的气氛；动，为画面注入活力，表现了一种宁静而充满生机的革命根据地的"田园生活"。四川石室中学的利江天同学，在作文《九龙记游》中，也有这样一段巧妙的描写：

> 公路两旁是一望无边的菜田，金黄的菜花在一片片绿色中随着轻柔的春风摇曳，送来缕缕清香。田垄上两三枝粉面桃花，点缀着这孕育丰收的摇篮。围着篱笆的池塘里，浮着一群悠闲的水鸭。有的曲颈梳洗，有的低头觅食。苍翠的竹林里，隐隐露出一两间农家茅屋，缕缕青烟从林中升腾。

这意在描写一幅宁静恬美的乡间早春图，其中对"菜田"、"菜花"、"桃花"，"池塘"、"竹林"、"农舍"等都是静态描写；对"水鸭"的描写是动态的，整个画面应是静态的，加进对水鸭"悠闲"的活动状态的描写，不但增加了画面的活力，还更能突出乡间的恬静。

根据表述的需要，还可以让动、静画面的递变交错在不知不觉的描写中进行，使动态和静态描写浑然一体，自然流畅。

在描写中对静态、动态的描写是必不可少的，而且各有作用，在实际运用中，一是要对被描写事物认真观察，抓住特征；二是要看表现中心的需要，然后再选择描写的方法，否则是不会写出好文章的。

# 6. 静态描写的训练

描写静物的作文训练，目的是要培养学生的观察能力。首先，要求同学们认真观察一个静物（盆景、工艺品、小摆设等），在观察中，要求要按一定顺序，并抓住这个静物的特点，然后写成一段话。

状物的作文，要在细致观察的基础上，进行具体的描写。静物的外形、色彩、构造、作用是应具备的观察描写的内容。同时，在描述中注意表达自己的喜爱之情。

### 选材

如果问到同学们家里有哪些盆景啦，工艺品啦，小摆设等，同学们也许会说出很多，"木雕船"、"小瓷人"、"八音盒"、"艺术台灯"……那么到底应选哪一件来写呢？请同学们在选材时注意：首先，应该选择有特点的物件。从外形上看，既不要太复杂，又要有与众不同的地方，这样，在语言表达方面就不会啰嗦，顾此失彼，造型有特点，还能在词句方面有所发挥。其次，在选材时还要注意选自己最喜欢的来写，有了情感基础，在描述中会更生动、更准确。

### 观察

有些同学，在描述观察到的内容时，往往只会说"长的""圆的""白的""黑的""大""小"这一类的词语，叙述死板、枯燥。那么，面对精美的物件，我们如何去观察描述呢？

（1）抓住整体结构。从整体入手，对静物的总体印象把握住，就可以使我们比较容易抓住静物的特征，描述就不会只停留在大、小、扁、圆的粗浅认识上了。

（2）变换观察角度。一只苹果，让处于不同位置的三个同学去画，会画出三种不同的形态。这说明观察的角度不同，物体的特征表现也不同。所以在观察时，应该反复进行比较，抓住最能表现物体特征的观察点。

（3）观察要有顺序。从里到外，从上到下，从局部到整体，从构造到色彩到作用，观察有条理，可以使我们的描写连贯，特点突出。

**描写**

描写应该准确反映静物的构造、特征和作用。但是有些同学在描写中过于死板、生硬，读后让人觉得索然无味。静物描写难在静中要有动，要把静物写活。怎样才能把静物写活呢？这就需要同学们进行丰富的联想和想象。这样可以使我们的文章从简单到具体，从枯燥到生动。怎样想象呢？请记住，观察是想象的基础，在仔细观察的基础上加以体会和推敲，才能产生想象。想象要大胆合理。合理的想象是超越时间和空间的限制的，从动作想到语言，从物想到人，把没有生命的东西想象成有生命的东西。想象还要与描写所要表现的中心思想紧密相连。

在描写中同学们还要注意表达自己的情感，让自己动之以情，并把这种感情渗透在字里行间，使人读后也不由得对物件产生喜爱之情，起到作者与读者共鸣的效果。

# 7. 动静交融描写的练习

在写作中，特别是景物描写中，要写出景物的特点，需要进行深

入细致的观察，还要进行丰富的联想。如果我们能将景物的动态描写和静态描写有机结合起来，那么同学们笔下的景物就更美了。

在我们学习过的课文中，有很多是描写景物的。作者抓住了景物的动态和静态进行描写，构成了一幅幅生动、有机的画面。如古诗《宿新市徐公店》中，作者勾画了农村春天的美景，描绘了一群儿童在大自然中捕捉蝴蝶玩耍的场面。整首诗动静态描写相结合。诗的前两句"篱落疏疏一径深，树头花落未成阴"是静态描写。作者描绘的是在稀稀疏疏的篱笆旁边，一条小路伸向很远的地方；在暮春时节，树上的花儿已经凋谢下落了，树还没有长出茂盛的树叶。此句中的"篱落"、"小径"、"树头"等都为静景。整句诗所描写的静景显得清新自然，有一种朴素之美。而后两句"儿童急走追黄蝶，飞入菜花无处寻"是动态描写。作者描绘的是一群儿童在奔跑着追逐黄蝶，黄蝶飞入菜花再也找不到了。此句中的"儿童奔跑"，"追逐黄蝶"，"黄蝶翩飞"就为动景了。整句诗所描写的动景显得活泼生动，生机盎然，有一种动态之美。在整首诗中，由于作者动静结合，使作者笔下的春天呈现出一种生机盎然、富有生趣的景象。试想，如果没有"篱笆小院"，"弯弯的小路"，"活泼可爱的小孩"，"翩翩的黄蝶"等动静景去点缀着这春天美丽的画卷，那么作者笔下的春天还有这么美吗？

描写景物动态和静态的课文还有很多。如《鸟的天堂》一课，作者在描写榕树时，采用了静态描写。而对于鸟儿的描写，作者先写了群鸟的动态，写得很有变化，从"一声鸟叫"到变得"到处是鸟声，到处是鸟影"，"有的站在树枝上叫"，"有的飞起来"，"有的在扑翅膀"，动态多姿。接着作者就侧重写一只画眉鸟的动态："飞了出来……又飞进了……站在……尖奋地叫着……"写出了鸟的奇妙天堂，使读者读了以后得到美的享受。

一般情况下，对于动物的描写，动态居多。而对于景物的描写，静态居多。但又不是绝对的。如动物休息、安静，我们宜采用静态描写我们在写作时，应根据实地情况，有机地将动静态描写结合起来，使笔下的景物更富有生趣、更美丽。

要写好景物的动态和静态描写。我们需要进行认真地观察，展开丰富的联想。只有多观察，多积累材料，写出的景物才能够吸引人，才能让读者产生一种美感。

# 第二章

# 静态写作好段

# 1. 我的布娃娃

去年我过生日那天，爸爸妈妈特意从北京给我带来一个美丽的娃娃，它既不会跑，也不会跳，是个布娃娃。

这个布娃娃可真讨人喜欢。圆圆的脑袋上戴着一顶粉红色的太阳帽，帽沿儿上镶着一圈白色的花边，一条长长的辫子披过肩头，一直垂到腰间。一双亮晶晶的眼睛显得很精神。两只耳朵好像时刻都在倾听周围的动静，一只大鼻子大得出奇，像个大漏斗。一张红红的小嘴微微翘着，好像要对我说些什么。布娃娃穿着一身带有小狗、小花图案的连衣裙，一双白色的高筒袜，两只小脚上还穿着红色的小鞋子。布娃娃真可爱，我想，这一定是童话故事里的公主。

# 2. 小飞机

我有一架小小的飞机模型。银色的机身闪闪发亮。像燕子翅膀一样的机翼上，印着5颗红星。如果拧紧发条，把它放在操场上，它先前进一段，然后"嗡"地一声，扭动着身子，腾空而起，两个轮子也会自动收拢起来，在空中转好几圈哩！

# 3. 小钢琴

这是一架多么漂亮的小钢琴呀！琴身是粉红色的，琴盖儿上画着四朵竞相开放的牡丹花。在绿叶映衬下，花儿显得更加美丽、妖艳。牡丹花的周围还画有五线谱编织成的彩带。钢琴的上部呈波浪形，底部由三条"小腿"支撑着，多么雅致的小钢琴呀！

揭开钢琴的上盖，可看到里面画着醒目的五线谱图案，中间有一个小支柱，能把钢琴盖顶住。掀起下面的键盘盖，便可以看到 8 个洁白的琴键。

# 4. 我的文具盒

我有一个文具盒，它是我 6 岁生日那天妈妈送给我的礼物。

文具盒是用塑料和硬纸板制成的，看起来很普通。我特别喜欢的是盒上的图画。盒盖有许多小草和花儿。最有意思的是那只小象，它用鼻子推着"儿童车"，车里躺着一只白色带黑斑的小猫咪。那还是一只幼猫呢，它被阳光照射着，显得笑眯眯的，你要是看上一眼呀，保准会笑起来。盒底还有一只小猫咪，它采了一朵红色的花儿，又去追一只漂亮的蝴蝶。可那蝴蝶好像故意不让小猫咪捉住，一会飞得很高，一会飞得很低，看来是把小猫咪急坏了，真有趣。

# 5. 小汽车

今天妈妈送给我一辆小巧玲珑、讨人喜爱的小汽车。

它像刚出蛋壳的小鸡那么大。车头上有一块银白色的车号牌，上面写着四个红色数字"3780"。两侧有两个明亮的小灯。车头上方有一块褐色的玻璃，车顶是翠绿的，上面有两盏瓜子大小，红色的警报灯。车尾正中也有一块指甲大小的灰色玻璃，还有四个乌黑发亮用硬塑料做成的小轮子。

这辆小汽车不但小巧精致，而且还可以向各个方向开动。碰到障碍物，它还会自动拐弯，十分有趣。中午，我拿出心爱的小汽车在水泥地上玩起来。小汽车上足了发条，一接触地面就自由自在地满地跑，一会儿向东，一会儿向西，像只灵巧的兔子。

# 6. 我的宝剑

妈妈给我买了一把宝剑，我可高兴啦！这把宝剑的套子是粉红色的，一面雕着美丽的凤凰，一面刻着神气活现的龙。剑身是银色的，剑柄是绿色的，柄尾上还有一根红色的穗子。这把宝剑真漂亮，我把它当作宝贝，非常珍爱它。我常常把它从大衣柜里拿出来舞着，一面舞着，一面喊着"看剑"、"杀"……

# 7. 钢笔

它，有一对黑黑发亮的圆溜溜的眼睛。两只红彤彤的大耳朵，插在它那小脑瓜上。尖尖的小嘴下，挂着一个小铃铛，再配上黄白色的身体，真像一个儿童玩具。它的样子是一只小鹿，但我总爱叫它"小狗"，因为我平时很喜欢小狗。

# 8. 电动警犬

我最喜欢的玩具是一只可爱的电动警犬。

这只电动警犬是用塑料制成的，一身金黄色的卷毛，像刚烫过似的。红扑扑的脸蛋，充满着活力。微微翘起的鼻子，好像能嗅到远处的气味。两只竖起的耳朵，好像在聆听什么动静。那神态，活像童话里那忠诚憨厚的狗卫兵。警犬的屁股后面有一个插头，只要接上电源，它就会发出"汪汪汪"的叫声；两只眼睛一闪一闪的，就像两颗小星星；随着它的身子不停地晃动，尾巴一摆一摆的，仿佛在时刻准备投

入战斗。警犬能发出几种不同声调的叫唤声。有时，它柔声叫唤，像是迎接客人；有时，叫声又急又高，像是向主人报告异常情况；有时，叫声不止，像是发现了坏人，正与坏人搏斗呢。

## 9. 三只小瓷象

写字台上摆了三只小瓷象，它们是我最喜欢的玩具。第一只全身淡黄色，还夹着一条条白色的条纹。你看它多神气呀！长长的鼻子向上翘着，好像在左右摆动，两颗匕首似的牙齿从嘴里伸出来。脑袋两侧有两只扇子般的大耳朵，微微掀起，像是在一张一合地扇动。四条粗壮的腿，有的直，有的有点弯，仿佛在慢慢地向前走。小象屁股后面的那条又小又细的尾巴，从正面看，根本发现不了。另一只，鼻子向左前方伸展，一条前腿高抬着，像是在踢球。第三只的神态、姿态和前两只截然不同，它坐在地上，两只前腿高高举起，仰着头，翘着鼻子像是在数天上的星星。

## 10. 我最心爱的"小花猫"

在我漂亮的文具盒里，躺着一支可爱的"小花猫"。一提起小猫，你一定会想到它那顽皮淘气的样子。可是，我这里的"小花猫"不能走动，也不会叫。你一定会想，这到底是什么呢？原来它是一支小钢笔。

这只"小花猫"圆圆的脸上嵌着一双炯炯有神直闪绿光的大眼睛，好像在注视着什么猎物似的。身上穿着红花衣裳，脖子上还系着金光闪闪的小领花。虽然它不是真的，可工人叔叔把它打扮得比真的还漂亮。

再看看它的里面到底是什么？拧开它的腰，肚里藏着尖尖的笔尖。每当我在纸上写字，墨水就顺畅地流出来。使唤"小花猫"写字，我可高兴了。这支"小花猫"不吃鱼不吃虾，只喝点墨水就行了。有时我写着写着，怎么也写不出字来。拧开它一看，噢，原来是肚子里没有"食儿"了。

## 11. 书包

我的小书包是人造革做的，它是红颜色的。小书包上边有一条又细又长的背带，可以伸缩。书包盖上，有两条小带。书包面上有两个银白色的卡子可以和盖上的两根带子别在一起，不让书包里面的东西掉出来。两个卡子的中间还有一个透明的塑料小兜，兜里装了一张精美的画片。

## 12. 电动摩托车

你看！淡黄色的摩托车上面，骑着一个驾驶员。他身穿蓝色摩托服，右手拿着一把小手枪。只见摩托车时而飞跑，时而停下。更有趣的是，摩托车还会自动转弯。驾驶员好像面临着敌人的重重包围，要与敌人决一死战，他每转换一个方向，便停下，"哒哒哒"地放一阵枪。这时，观众被逗得哈哈大笑起来。我高兴得直拍巴掌，不由自主地说着："过来，过来开枪……"

## 13. 兔形卷笔刀

我有一个小小的兔形卷笔刀，小兔的全身雪白雪白的，头上两只耳朵竖得很高，一对殷红的眼睛，像两颗晶莹的宝石，可爱极了，我非常喜欢它，每次削好铅笔就小心地放进铅笔盒里。有时，我还特意把它从铅笔盒里拿出来玩赏一番。

# 14．玩具熊

我有一个有趣的玩具——"小熊拍照"，它真可爱，我很喜欢它。它那圆溜溜胖乎乎的脸上镶嵌着一双又黑又大的眼睛，一个塌塌的鼻子，一张粉红色的小嘴，还有那一对招风耳朵，实在逗人喜欢。小熊穿着一件雪白的衬衫，套着格子的西装，又粗又短的脖子上系着黑色领结，显得特别潇洒大方，又真惹人发笑。

小熊还会拍照呢。只要开动一下机关，小熊就开始绕着桌子转圈，转呀转的，寻找拍照的角度。……啊！选到了。你看，小熊停了下来，慢慢地举起照相机，对准了镜头，只见闪光灯一亮，咔嚓一声，紧接着"啪"的一声，一张满意的相片就照好了。然后，小熊又开始转圈了，又选择另一个美景去拍照。我总是先让小熊给小朋友们照，最后才给自己照。每逢这个时候，我心里就乐滋滋的。我的小熊照相真好玩，它能给人们带来欢乐，能拍下生活的美景，我真爱这个玩具呀！

# 15．西洋镜

西洋镜是爸爸从国外给我带回的礼物。我刚拿到手的时候，还有些看不起它。它的形状像普通的玩具望远镜，外壳是淡咖啡色的，所不同的是它有一个可以装镜片的小槽和一个黑色按钮，揿一下按钮，便可以使景色转动，换一个景致。别看它外形那么简单，通过它的两个观察孔，眼前却奇妙地展现出一幅幅彩色的、立体的图像，让人仿佛身临其境。那种奇异的感觉真是难以用语言来表达。

# 16. 小雨伞

我有一把漂亮实用的小雨伞。

这是一把自动伞。在弯弯的把上有一个金黄色的按钮。按一按那个自动按钮，还没等你反应过来，伞就"唰"地一下张开了，准会吓你一跳。伞面的下面有花边，非常软。伞是红颜色的，如果把伞打开放在地下，就像一朵巨大的红色梅花。拿着伞跑起来，花边也抖起来，美丽极了，就像微风吹在红梅上，红梅跳起了欢快的舞。

# 17. 电子计算机

我爸爸给我买了一个电子计算机，它只有小日记本那么大，放在手心掂掂分量，只有一块烧饼那么重。这种电子计算机是"微型机"，又叫袖珍机。微型电子计算机虽小，本领却不小。那样小巧的电子计算机，每秒种竟能进行几万次计算。

# 18. 台灯

在我的写字台上有一盏台灯。每天晚上，我总要习惯地把它端详一番。

这盏台灯造型美观。灯座的左下方有一个红色的小开关，一根细长的支架可以来回扭动。支架顶端，一个乳白色的灯罩笼着一只灯泡。拧开开关时，灯光柔和极了。

灯座的右半部配着一个美丽的装饰品。那是由两块金边镶成的圆

形玻璃片组成的。玻璃片中有这儿一丛，那儿一簇的小花。花瓣红色，很像小女孩的蝴蝶结。几根翠绿的水草中间有两条活泼可爱的小金鱼。那小小的身子，两只黑黑的大眼睛好像一会儿望这里，一会儿望那里，显得十分机灵。红色的鱼鳍，一条彩色的大尾巴似乎在轻微地摆动。时而像七彩绸浮在水里；时而像大扇子一扇一扇的；时而像节日的灯笼一晃一晃的。每天晚上，打开开关，灯光照在玻璃上，玻璃片里的景物便会一闪一闪的，活像神舌中的水晶宫。

# 19. 吸尘器

"吸尘器，吸尘器，我家有台吸尘器，擦桌椅，吸灰尘，样样干得中人意。"我一边欢快地唱着自己编的儿歌，一边欣赏着我家的那台吸尘器，它"长"得像个塑料桶，又像只高压锅。吸尘器的中间有一个管口，专门接像龙一样的长管子。在管口上面还有一个锁紧块。它的外面贴着一张可爱的"米老鼠"商标：圆圆的脑袋，睁着一双大眼睛，显得炯炯有神。在吸尘器的底部安装咖啡色的轮子，可任意转动。我打开吸尘器的盖子，只见在吸尘器的内部搁着一层滤布，还发现在盖内安装着专门吸尘的机器。在盖子上面还有一个按钮。

# 20. 旅行闹钟

我有一个精致的小闹钟，是爸爸出差时给我买来的。

小闹钟的造型别具一格，像一个专门储放珍贵物品的小盒子，可以随关随开。打开上盖，就成为一个小盒子。随身携带，非常方便。因此，它有一个特殊的名字——旅行闹钟。

小闹钟的盒子是用深红色塑料制成的。漂亮的钟面上有阿拉伯数字，从 1 排到 12。和一般闹钟不同的是它没有秒针，是靠"嘀嗒、嘀嗒"的声音表示秒数的。时针与分针呈浅黄色。靠近钟面有一个红色指针，把它调到所需的时间，就可以准时打闹铃，提醒人们注意。

# 21. 收音机

　　我十岁生日那天，爸爸给我买了一台熊猫牌台式收音机，它的机箱是木质的，深橄榄色，光滑的表面能照出人影。机箱正面是银白色的塑料板，很像金属做的，板面左右上方镶着两只喇叭，外面是方形的黑色的护罩，两个喇叭中间有一块有机玻璃，板面上下还装有收音、录音用的各种开关、旋钮、仪表、插孔、指示灯等，这些都排得井然有序，美观大方。我每天用它学英语、播放音乐、收听广播节目，它成了我的好朋友。

# 22. 电饭锅

　　下午，妈妈下班回来后，放下了一个大纸盒子。三个鲜红的大字印在纸盒上：电饭锅。我飞速打开纸盒，一个银白色的电饭锅顿时展现在我眼前。一打开盖，一个淡灰色的内壁和锅底露了出来。锅的内壁最上面一圈是最大的一圈，是用来卡住锅盖的。内壁的第二圈是盛装米和水的。上面刻有量米的克数和水的毫升数。电饭锅的锅底突起 3 毫米—6 毫米，能把热量聚集到一个焦点上。我盖上锅盖，又发现锅盖也非同一般。这个锅盖在中间开了一个直径约 20 毫米—60 毫米的圆洞，在圆洞上装了一块突起 6 毫米—9 毫米的圆形玻璃。这样通过玻璃随时可以看到锅里的动静了。

# 23. 小背篓

　　小背篓是我们湘西土家族、苗族人民喜爱的传统用品。它编织简单，造型美观，用途广泛。

　　说起编织背篓，这可是我们家乡人民最拿手的手工活。背篓虽然在形状大小和竹篾粗细上有所区别，造型结构上却大体是一致的。它的底部直径约20厘米，从底往上编织就逐渐放大，到了篓口就大到了40厘米左右，高约65厘米。从底部往上约20厘米，再往上约20厘米，用的是黄白篾片和紫竹篾片编织，再往上织，直到篓口，就和底部相称地用一样粗细、一样颜色的竹丝了。收口时把竹篾扭转过来，绞成比篓壁稍厚的篓口边缘，再从篓内安上两条背带子。到此，编织工序完成，一个美观大方的背篓便编织成了。

# 24. 扇子

　　我的那把扇子全是由塑料做成的，它一共有九块米黄色的塑料板，中间用白色的丝线连接起来。每一块塑料板上，都刻着一只展翅高飞的凤凰和一条张牙舞爪的长龙，刻得非常逼真，而且每一块都刻得一模一样，看不出有一丝一毫的差别。在每一块塑料板的上部分，还凹进去一个小圆圈，圈里贴着一块块圆形的印着风景画的纸。扇子的下面还拖着一个扇坠，它是由一块塑料做成的绿色的透明小蝴蝶和一把红色的丝线组成的。素雅的扇面加上一个漂亮的扇坠，更使这把扇子显得精巧别致，光彩照人。真是诗情画意，美不胜收。

# 25. 煤油灯

　　我家有盏煤油灯，是用一个小墨水瓶做的。它下部大，呈圆柱形，一次能喝一两多煤油。上部小，瓶口有一个小盖儿，盖儿中间有一圆形小孔。在小孔里插根筷子粗细、一寸多长的空心的铁皮筒。有一根用棉花搓成的捻子，从小筒里穿过，捻子上部伸出筒口，有一粒米那么长，下部浸在煤油里，把煤油源源不断地吸上来，供捻头燃烧，从而放出光芒。从我记事时起，家里夜晚照明就一直靠着它。长年累月，它周身有一层油垢，看上去很土气。然而，这土气的煤油灯却是我家不可缺少的宝贝。

# 26. 我的小闹钟

　　我有一个小闹钟，是妈妈给我买的。

　　圆形的小闹钟周围银白色，里面的表盘是天蓝色，加上几个小银针，漂亮极了，我真喜欢它。

　　刚买来的第一天清晨，我还在睡大觉，小闹钟就"铃铃"地"叫"起来了。我被吵醒了，真讨厌！人家还要多睡一会呢。我转过身，把头用被子蒙起来。可是，小闹钟还是不停地叫着。我突然想起来，是呀，妈妈给我这个小闹钟，不就是让我安排好自己的作息时间吗？于是，我一下子从床上跳起来，穿好衣服活动几下身子，吃完饭，心情舒畅地上学去了。

# 27. 电冰箱

　　去年国庆节，我家买了一台日本东芝双门电冰箱。长方体的个儿，差不多和我一般高，翠绿色的外衣，给人以素雅、大方、清静的感觉。打开它的两扇门，箱壁是乳白色的，小门里面用来冷冻各种饮料，大门里面可以冷藏鲜肉、蔬菜和瓜果。夏天，妈妈再不愁饭菜会变馊了，要是来了客人，爸爸总喜欢拿出配做的冰淇淋或冰西瓜招待他们，电冰箱是怎样制冷的呢？爸爸说，等我升入中学，学了物理就会明白了。

## 28. 茶盏

茶盏薄到半透明的程度，从外面可以清楚地看到盏内茶水的浓度和茶叶的黑影。茶盏又细又白，很像一只羊脂玉雕的白玉碗。碗面上用浅淡的绿色绘了一枝茁壮的新竹。使茶盏既高雅，又显得珍贵，确实是少见的珍品。

## 29. 客轮

我们乘坐的是"东方红32号"客轮，长长的船身，四层的船舱，像一座大厦浮动在江面上。从窗口向外望去，只见大大小小的船只来来往往，络绎不绝。岸边的景色非常秀丽，江水在阳光照耀下，闪闪发光。

## 30. 自行车

自行车是人们日常生活中常见的实用交通工具。它主要由车把（龙头）、车身、车座、前后轮和左右踏脚五部分组成。一般的自行车以呈三角形的车身（俗称三角架）为中心。在前端安上车把，在后部配上座垫，下端触钳中装上前后车轮。在后轮装上能"飞"的小齿轮，然后用一根链条将它与车身下的踏脚大齿轮连结起来，转动左右两只踏脚，由链条带动后轮，推动前轮。

# 31. 摩托车

在我上六年级的时候，爸爸从市五交化商店购回了一辆嘉陵牌摩托车。那紫红色的车身在阳光下闪闪发亮，车前架上有一金边的彩色阳光反照镜。在阳光下闪现出五颜六色的光彩，格外引人注目。带上头盔，脚踩下去。车子就像离弦的箭，那神气劲就不用说了，这辆车性能真好，骑在凹地上感觉不出一点震动，柔软的车座，坐上去舒服极了。

# 32. 破客车

这辆车已使用多年，本来机器是没有脾气癖性的，而这辆车倚老卖老，修炼成桀骜不训、怪僻难测的性格，有时标劲像大官僚，有时别扭像小女郎，汽车夫那些粗人休想驾驭了解。它开动之际，前头咳嗽，后面泄气，于是掀身一跳，跳得乘客东倒西撞，齐声叫唤，孙小姐从座位上滑下来，鸿渐碰痛了头，辛楣差一点向后跌在那女人身上。这车声威大震，一口气走了一二十里，忽然要休息了，汽车夫强迫它继续前进。如是者四五次，这车觉悟今天不是逍遥散步，可以随意流连，原来真得走路，前面路还走不完呢！它生气不肯走了，汽车夫只好下车，向车头疏通了好一会，在路旁拾了一团烂泥，请它享用，它喝了酒似的，欹斜摇摆地缓行着。

## 33. 乌篷船

抛锚了，思绪停靠在风平浪静的港湾。

好想再闻一阵它满身飘出清香的桐油味，好想再划着它在江心追几回斜阳。梦里，好几回看到它在轻浪中摇荡的倩影，醒来，心却跌落在退潮的黄昏里……

是船身破旧不堪了呢，还是乌篷船千疮百孔了呢？

哦，乌篷船，我在追忆中问你。

## 34. 消防车

大家看到的消防车都是红色的。你想过没有，为什么它和其他汽车的颜色不同？原来每种颜色的波长是不同的，红色的光波最长，容易穿过水层、雨点、灰尘和迷雾，而波长比较短的光，如紫光、蓝光，很容易被散射掉。所以消防车涂上红色后，很远就能被人看见，有利于迅速到达目的地，完成任务。交通上采用红色灯作为停车信号，正是利用了红光的这一特点。

## 35. 活动小车

这个活动小车的车身呈深绿色，车底盘、车轮和保险杠分别是黄色和橙色。

车的最前面，镶嵌着一个用黄色塑料制成的保险杠，在车身的前部，左右两边还分别点着黄点儿，这是车灯。

车身上面，还有一个小盖子。小盖子上面是一块凸起的"M"，底下是一只可爱的小狮子，如果你用手推着车向前走，这个小盖子就会掀起来，里面那只可爱的小狮子也便一会儿上，一会儿下，仿佛在高低不平的沙漠里奔跑。

驾驶室里，坐在那儿开车的就是那位"老朋友"——麦当劳叔叔。"他"穿着一件奶黄色上衣，戴着一顶黄色的圆顶帽。"他"的脸白白的，细长的眉毛，黑黑的眼睛显得格外有神。红红的鼻尖、嘴唇和头发。"他"好像在笑眯眯地对我说："你可要努力学习呀！"车身的尾部，有两对车灯，分别是红、黄两色，整个车尾部呈梯形。

车的底盘和车轮是用四个螺丝钉镶在车身上的。

# 36. 人力车

这么大的人，拉上那么美的车，他自己的车。车子软得颤悠颤悠的，连车把都微微的动弹；车箱是那么亮，垫子是那么白，喇叭是那么响……拉过了半年来的，仿佛处处都有了知觉与感情，祥子的一扭腰，一蹲腿，或一直脊背，它都马上应合着，给祥子以最顺心的帮助，他与它之间没有一点隔膜别扭的地方。遇上地平人少的地方，祥子可以用一只手拢着把，微微轻响的皮轮像阵利飕的小风似的摧着他跑，飞快而平稳。

# 37. 飞机

飞机飞得又快又稳。透过云层，可以看到积雪的山峰层层叠叠，好像波涛起伏的大海。突然，飞机遇到一股强烈的寒流，机翼和螺旋桨上都结了冰，越结越厚。不大一会儿，机身也蒙上了厚厚的冰甲。飞机像冻僵了似的，沉甸甸的不断往下坠。飞机失去了平衡，机翼掠过一座座山峰，眼看就要撞着山尖了，情况十分严重。

## 38. 自行车

这辆自行车陪妈妈多年，妈妈很爱它，它也很爱妈妈。它像一头老黄牛，忠心耿耿地为妈妈效劳，可它对主人却无所求。如：妈妈去讲课、去开会、去学习，为建设四化培育人才努力工作。不管是大雪纷飞，还是刮风下雨，它从无怨言地驮着妈妈。妈妈让它快它就快，让它慢它就慢，它从不违背妈妈的旨意。妈妈的车不但听话，还会说话！在拐弯或人多时，车铃还会"丁铃铃"对别人说："同志，借个光。"到十字路口哩，车闸会"吱——"的一声对妈妈说："十字路口红灯，要下车。"

## 39. 火车

火车带着长鸣的汽笛声朝峡谷中冲来。霎时间，汽笛声、高昂的排气声、车轮和铁轨的摩擦声在两山之间激荡着，发出了震耳欲聋的共鸣，树枝在两山的风中摇摆，杂草紧贴着地皮乱晃，整个大地都随着颤动起来。

## 40. 载重汽车

你听：从远处传来一阵轰隆轰隆的响声，声音由远而近。我顺着发出声音的方向，朝窗外望去，只见一辆载重汽车装着沉重的钢条，从远处缓缓驶来。那整个车身有 10 米长，好像一列火车似的；那又大又厚的车轱辘，整齐地排在车身下，看上去约摸三十多个，好像要把整个马路都覆盖上；那轰隆轰隆的闷雷声，仿佛要把房屋震塌。

# 41．诸葛亮铜像

诸葛亮铜像坐落在沂南县城西山脚下，占地约五亩，从县城新华路一直往西走不远就到了。先是一个圆形院门，进门后，沿着几十级土红色石阶向上走，在一座巨大的水泥混凝土台上面，便是高四米、宽三米的诸葛亮全身铜像。站在铜像前，抬头仰望，你会觉得自己又矮又小。再看端坐在战车上的诸葛亮，左手轻轻扶着车把，右手握一把鹅毛扇，神态安详、庄重，目视远方，充满智慧，好像他的面前不是万亩沃野，而是千军万马！

# 42．纪念碑

我来到唐山市中心广场，抬头仰望，首先映入我眼帘的是一座高大、雄伟、壮丽的抗震纪念碑。我迫不及待地走近它，只见碑身上镶有一块不锈钢匾额，上面写着金光闪闪的七个大字"唐山抗震纪念碑"。主碑是由四根梯形独立柱组成的，碑的四周为八块花岗岩浮雕。主体与浮雕均以分开的单元构件组成，象征震灾——建筑开裂；主体四片又象征重建唐山的新建筑拔地而起，表现了新唐山兴旺发达。主体上端，犹如四只伸向天际的手，表现了人必胜天的英雄气概。主体下部是由八块浮雕组成的正方形，象征着祖国四面八方的支援。碑座四方踏步均为四段，每段七步，共28步，意为"七·二八"。

浮雕中的一幅幅画面，向人们再现了地震的情景：抗震大军汇集唐山，抢救伤员，慰问灾民。这仿佛把人们带到了大地震的悲惨岁月中。"恢复生产，重建家园"，灾民从黑暗见到曙光，开始了灾后的新生活……这是多么逼真的情景！即使没见过地震的人，也会产生身临其境的感觉。

# 43. 十八罗汉

只见十八罗汉分别排列在东西两侧。他们形象古朴，姿态各异，无一雷同。一个罗汉手拿经书，目视远方，似乎在思考着什么问题。另一个罗汉慈眉善目，被爬在身上的五个天真活泼的小孩儿逗得咧嘴而笑。还有两个罗汉各持经卷，好像在研讨问题，颇有学者之风度。

# 44. 罗汉堂

罗汉堂的屋檐高翘，东墙的汉白玉大匾上刻着"全国重点文物保护单位"几个大字。走进罗汉堂，便会觉得里面非常幽静，一阵阵清香扑鼻而来。靠北墙威严地耸立着九尊泥塑罗汉。这九尊罗汉容貌奇特，神采各异，各具千秋，而且静中有动，犹如真的一般。他们有的瞪眼远望，有的闭目养神，有的盘腿屈膝，有的……这九尊罗汉都身披袈裟，足登僧鞋，秃头顶。大体上讲无甚差别，但若你一个个细细观察，则要大为惊叹，真是九尊罗汉九个样。讲经罗汉正在讲经，他讲得绘声绘色，引人入胜，连一旁的狮子都被感化得失去兽性；听经罗汉虚心听着，听得津津有味，简直入了迷；降龙罗汉倒背双手，闭眼微笑；伏虎罗汉显得杀气腾腾，虎视眈眈……

# 45. 石狮子

我常常在泉州大桥上玩耍，那里的石狮真是有趣极了，我说给你们听吧。大桥的栏杆上每隔一米便有一朵石雕白莲花；再隔一米，就有一只活泼可爱、小巧玲珑的石狮。有的巴掌上捧个石球；有的背上驮着一只小石狮；有的怀里躺着一只睡得正香的小石狮；还有的看着公路的汽车，好像在守卫着大桥。我数了数，栏杆上共有326只石雕狮子。大桥尽头的两个六角亭旁，也有一只较大的石狮，这只石狮一只巴掌按住一只石球，另一只巴掌上坐着一只小狮子，它们母子俩好像在诉说着什么。大石狮嘴里含着一颗石球，我觉得挺有意思，便伸手去拨，可怎么也拨不出来。我仿佛听见石狮在得意地对我说："你来拨呀，看看你能不能拨出我的宝贝！"我用力去拨，可真的怎么也拨不出来。我想：这石球真是石狮的宝贝，怪不得我拨不出来呢！

# 46. 人民大会堂

人民大会堂是多么庄严和壮丽啊！它真是当代中国雄伟的建筑物了。我曾经围绕着它步行了一周，需时达十五分钟。每次走进这座雄伟美丽的巨大建筑物时，那巍然屹立的廊柱，那光可鉴人的大理石地面；那华丽美观的红色绒地毯；那光辉璀璨、花团锦簇似的华灯。总之，无论是它的整体部分还是它的各个局部，都能引起人们的一种壮美之感，而且这种壮美的感受还是历久长新的。每次走进去时我都要重温一遍。

# 47. 知春亭

然而，要是让我在颐和园内选最佳的亭子的话，我就要毫不犹豫地选知春亭了。从昆明湖东岸通过一座小桥，来到一座小岛，知春亭就坐落在岛中心。它面向东南，四角重檐，绿瓦红柱，檐间有慈禧题写的"知春亭"三个金字。亭间由 6 根方柱支撑，四角有山石点缀。这些并不足以表现知春亭的美妙之处，其动人所在是环境。它四面环水，周围是绿树红花。每当春风从东南吹来，驱走冰雪严寒。知春亭便像报春的使者，迎着春风欣然屹立，以它那动人的姿态向人们报告着春风的消息。人们走上知春亭向远望去，那无限的风光更是令人陶醉。北边是绿树成荫的万寿山，大小殿堂掩映其中，山下曲折的长廊贯穿南北，湖畔的汉白玉栏杆像条雪白的玉带把湖山分开，西面是绿柳飞舞的西堤，南边的十七孔桥像天上彩虹把南湖岛和东堤连接起来。正是"春和景明，波澜不惊，上下天光，一碧万顷"。这仙境般的景色给人以美的享受。

# 48. 大雁塔

我的家乡西安是一座历史名城，是中国璀璨文化的发源地。这里有世界第八大奇迹的秦兵马俑，有雄伟壮观的钟楼，有人类 6000 多年前生活过的半坡村遗址……但我最喜欢的是名胜古迹——大雁塔。

大雁塔位于西安市南郊慈恩寺内，是公元 1625 年建造的，距今已有 300 多年的历史了。

大雁塔共分七层，每层都装有四个小巧而精致的窗户。一层有个禅房，禅房里放有佛经、佛像，其中有如来佛和观音菩萨的佛像等。最引人注目的是孙悟空、猪八戒、沙和尚和唐僧师徒四人的佛像。看着这些佛像，我仿佛走进了一个梦幻世界。我看见了孙悟空、猪八戒、沙和尚保护着师傅唐僧去西天取经，一路上他们兄弟三人斩妖捉怪，击退了妖怪们一次又一次的进攻，保护了师傅，最后终于取得了真经。大雁塔的门楣门框，以优美的线条雕刻着唐代建筑图案，画面严谨，美观大方，是研究我国建筑史的重要资料。大雁塔现已被列为国家一级保护文物。

# 49. 立交桥

离我家不远有一座雄伟的立交桥，远远望去，它像一个好大好大的"八脚蟹"，叉开它的八只大脚，迎接着来往地车辆行人。

来到近处，啊，这里多像一座迷宫啊！一辆辆汽车排着长队在迷宫里飞跑，就像电动玩具车飞跑转动一样，太好玩了。

再往前，马路上下分开，中间的车道慢慢向下延伸，伸向对面，从南到北，大桥像彩虹一样高高地架在天上。大桥的下面，每侧有两对水泥桥墩，像一个个巨人，叉开有力的双腿，守卫着天桥。它拖着两条大辫子的无轨电车，在它的脚下飞跑。

慢行车道向两侧分开，八个"T"型的桥墩一个比一个高地把它渐渐托起，越托越高，直到桥的中央才向右转弯。桥的中央是上下两层的大转盘，上面跑车，下面走人。绕着转盘，一会儿穿洞，一会儿过桥，通向各个路口。人行道在桥的最外边，和慢行道一样，四通八达。

站在桥边向上望去，一辆辆汽车从不同的方向开来，又向不同的方向跑去，有趣极了。夜晚，一行行华灯排列得整整齐齐，勾勒出立交桥的雄姿。

# 50. 布达拉宫

我和爸爸随着川流不息的人群进了布达拉宫，四周紫红的柱子上龙飞凤舞，雕刻得栩栩如生，活灵活现。五世达赖灵塔和塔殿，位于红宫西侧，塔殿有五层楼高，两旁陪衬着八座银质佛塔。灵塔用金箔包裹，珠宝镶嵌。仅用于包灵塔的金箔，就耗费黄金万余两，极其辉煌壮丽，被称为"世界一饰"。土登嘉措的灵塔，塔名"格列堆觉"，塔高4余米，珠玉宝石遍缀塔身，十分华美。灵塔的前面，保存有一座用20万颗珍珠串成的珍珠塔，是十分珍贵的工艺品。这说明西藏人民的智慧是无穷无尽的。东大殿，位于布达拉宫的东侧，是布达拉宫最主要的殿堂，重大的庆典和宗教活动都在这里进行。大殿四壁，壁画色彩斑斓，其中有两幅最为吸引人。一是"猴子变人"，这是西藏家喻户晓的故事。另一组"照镜子"壁画，说的是金城公主的事。

# 51. 烈士纪念塔

返身走过石桥和甬道，又来到了革命烈士纪念塔。纪念塔的东南、西南方向各建有大型的墓碑群。东南方主要有四个，西南方主要有三个。东南方首先是罗炳辉将军遗像亭，采用民族古建筑形式，高阁飞檐，金碧辉煌。亭内是罗炳辉将军戎装石像，石像高1.9米，高大魁梧，器宇轩昂，双目凝视前方，自信坚定，神态栩栩如生。正门匾额上是"瞻容思功"四个金字。仰望着塑像，我的脑海里展现出这位"从奴隶到将军"的英雄当年金戈铁马、叱咤风云的战斗历程。亭四周有腊梅、玉兰、紫荆、长春四个花坛，亭前有松柏两行，四季长青。

# 52. 黄鹤楼

黄鹤楼建筑主体共分五层。在顶层正面有一块匾额，上面用楷书写着"黄鹤楼"三个大字，黑底金字的匾额在阳光照耀下格外耀眼。走进黄鹤楼内，底层大厅十分宽敞，只见四周的大柱上挂着许多对联，描绘了长江的壮景。四墙的门窗都雕刻着花鸟虫鱼之类的图案，显得格外精美雅致。空中垂下两只特大的红色宫灯，看起来十分富丽堂皇。

但这大厅里最引人注目的还是中央的一幅巨大的"黄鹤楼仙游图"，它有几丈高，用七百五十六块瓷砖烧制而成，图上烧绘着在黄鹤楼下有许多文人雅士在饮酒赋诗，其中最突出的是诗人李白，他身着白衣，袖飘带飞，双手举杯；黄鹤楼被包围在重重云雾之中，楼的一边是长江之水波涛滚滚，云雾掩着江水，江水涌向云天，远处江天浑然一体。空中一位仙人跨骑黄鹤，吹着玉笛，飘然而去，留下一缕悠扬笛声。这正是崔颢《黄鹤楼》诗中的"昔人已乘黄鹤去，此地空余黄鹤楼"的意境。

## 53. 陵园

陵园正门外是一个气魄宏伟、辽阔壮观的广场；两侧各有一列气根飘垂的榕树围绕环护，靠门的巨大草坪，芳草萋萋。中间竖立着旗杆，每逢重要日子，就在这里升起我们庄严的国旗。大门两侧，在金碧琉璃屋顶覆盖下的石壁上，嵌着光滑美丽的大理石，上面镌刻敬爱的周总理亲题的"广州起义烈士陵园"八个金字。正中是五扇巨型的红漆金顶铁栅大门，每一根铁柱上端都锻打成尖锐的矛头形状，直指天宇，更增加了森严、肃穆的气氛。

## 54. 园中园

离了"醉竹坡"，我们来到园中园——"筠石苑"。"筠石苑"是个宽敞优美的地方。园中怪石错落，山上山下满眼苍松翠竹。我们小心翼翼地踏着小溪上排列曲折、形状各异的石块，感到无比的新奇、惊险和快乐。听老师说这里叫"松竹涧"。我们就在这儿兴高采烈地上坡下坡、钻洞、玩溪水、照相……忽然听见有人喊："竹亭！"我抬头望，一座别致的竹亭出现在眼前。走近一看，竹顶、竹柱、竹栏，一切都是竹子做的。立在亭中，使人感到丝丝清凉，也增添了几番情趣。无意中我发现了它的美名——"绿云轩"。据说，亭的四周都是竹林，凭栏环视，好像置身于片片绿色的云彩之中，人们才为它起了这么一个悦耳的名字。

# 55. 古宅

那是一个巨大的古宅，坐落在苍色的山岩脚下。宅后一片竹林，鞭子似的多节的竹根从墙垣间垂下来。下面有一个遮满浮萍的废井，已成了青蛙们最好的隐居地方。我怯惧那僻静而又感到一种吸引，因为在那几乎没有人迹的草径间蝴蝶的彩翅翻飞着，而且有着别处罕见的红色和绿色的蜻蜓。我自己也就和那些无人注意的草木一样静静地生长。

# 56. 岳飞庙

走上石阶，跨过门槛，一道高高的屏风兀立于眼前，"壮怀激烈"四个大字，引人注目，发人深思。走上甬道，远远望去，便见庄严肃穆的大殿正门重檐中间高悬着一块新匾，上面挥写着"心昭天日"四字，这是叶剑英委员长亲自为岳飞庙题写的。它充分体现了无产阶级革命家对这位民族英雄的崇敬。

正殿里摩肩接踵地挤满了人。我挤到前面，抬眼一看，大殿正中是身披紫袍金甲、头戴红缨帅盔的岳飞坐像。只见他双目圆睁，正视前方，一手握拳，一手按剑。既有"驾长车，踏破贺兰山缺"的英雄气魄，也不乏潇洒自若、器宇轩昂的儒将风度。塑像造型逼真，神态生动，犹如当年的岳飞重现于我们面前，使人肃然起敬。坐像上方有一巨大匾额，上写"还我河山"四个大字，笔力雄健，气势磅礴。这是岳飞发自内心的呼喊，也是人民的强烈愿望。

大殿中还有许多匾联。我身旁的几位日本朋友念着这些匾联，轻声交谈着。虽然言语不通，但我从他们流露出来的表情中可以看出，他们对这位民族英雄也怀着深深的敬仰之情。此时我真为中华民族有这样一位优秀儿子而感到自豪。一个日本朋友忽然跑到坐像正中一盆"万年青"旁摆好姿势，向这边喊了几句，原来他要摄影留念。翻译说他是专程赶来的，他要求把整个岳飞像都照进去。

出了大殿，向左拐到岳飞墓入口处，那里有一小亭，这就是闻名的"精忠柏亭"。亭里陈列着几段粗大的"精忠柏"化石。亭内还立着一石碑，碑上刻有一幅"精忠柏"画。从碑上的文字记载可知："精忠柏"原为南宋大理院狱中风波亭畔的古柏，岳飞入狱之日，柏即枯死，坚如铁石，僵而不仆。八百多年来，人民热爱岳飞，创作了各种民间故事歌颂他，"精忠柏"故事就是其中之一。

# 57. 潭柘寺

汽车在盘山公路上行驶。远远望去，只见在陡峭的山上，有一座庄严雄伟的寺院。寺院周围，那9座富有色彩的山峦，像正在开屏的孔雀，那艳丽迷人的尾巴环抱着孔雀头——潭柘寺。

走进寺门，一座金碧辉煌的宫殿首先映入眼帘。朱红色的墙壁，墨绿色的琉璃瓦殿顶，正中挂着一块普蓝色镶金边的竖匾，上面写着"天王殿"三个斗大的金字。金框上有四条蛟龙，左右两边的龙瞪着眼，保卫金匾。底下的两条龙手舞足蹈，摇头摆尾，戏弄着一颗金闪闪的宝珠。

# 58. 商业街

县城的商业街上，有一个大商店，看那门面，真够气派的。绚丽多彩的大理石柱子，金黄色琉璃瓦顶，大门上装有五光十色的霓虹灯，打扮得花枝招展，简直像个开屏的大孔雀。它的对面，是一个极不显眼的小商店：一人多高的门头，褪了色的红砖墙，灰色的水泥地面，巴掌大小的面积。那模样，比起对面那"开屏的孔雀"，显得格外渺小，成了一只丑小鸭。每当路过那儿，我总是替"丑小鸭"担心："能有几个人光顾您呢？"

# 59. 大足石刻

大足石刻闻名中外，参观大足石刻，是我向往已久的愿望。一个风和日丽的星期天，四姐陪我去参观大足石刻。我们顺着崎岖的山路向前走，来到一个石洞前。嗬！我不禁惊讶地四处张望，只见靠墙的三处立着许多大佛。这些佛像都是镀了金的，神态不一。有的似在闭目养神；有的似在诵读经文；还有的怒目圆睁，似在怒斥妖魔。佛像的身后都有似在流动的"云"，左侧佛像的上边有一条龙。四姐告诉我，为了及时排水，下雨时石洞顶上的水便经龙身而过，从龙嘴里流出。"那样不会把佛像弄坏了？"我不禁担心地问道。"哦！不会的。"四姐说，"佛像身后的'云'其实是流水线，自龙嘴而下的水滴入'云'里，弯曲着流入地面的井里。"嘿，真神了！一看，果真地面有一口井。我国古代的能工巧匠，利用这天然的环境的优势，使建筑主体构造奇妙，这难道不值得人们赞叹吗？

# 60. 京城大厦观

放眼望去，蔚蓝的天空映衬出京城大厦乳白色的多角正菱形的主体，犹如高视昂首的龙头。两侧依次排列的 *4* 层、*6* 层、*9* 层公寓楼及一栋 *4* 层管理楼，宛若蜿蜒舞动的龙身。乳白色建筑浑然一体，给人清新、秀丽、挺拔之感。更值得一提的是，大厦全部采用重达 *1* 万 *8* 千多吨的钢构件设计而成，施工中使用我国自己生产的电焊条 *23* 吨，这在我国尚属首次。

京城大厦建筑群体鳞次栉比，错落有致。它的缔造者——建筑师们告诉我们：京城大厦是一座现代化多功能的大厦。康乐中心、购物中心、娱乐设施等一应俱全，还拥有不同类型的公寓共 *24* 套。大厦北面设有中国式庭院、下沉式花园，采用中国民族特色的亭台楼榭、假山池沼的传统设计，恬静清幽，别有情趣。

# 61. 中山纪念堂

这里有三百九十二级台阶，据说正好与孙中山先生的得力干臣人数相符。台阶尽头是祭堂，我绕过祭堂，走进了墓室。墓室里的气氛庄严肃穆。人们缓缓地围绕着正中的孙中山石像走着，瞻仰着。这位革命先驱，坐在太师椅上，身穿长袍，手握书卷。他似乎在想兴国安邦的策略，又似乎在描绘九百六十万平方公里神州大地的宏伟蓝图。他周围安放着鲜花和花圈，这表达了人民对他的崇敬。墓室的墙壁上，刻着由孙中山先生起草的《十二条建国大纲》。

# 62. 怡红院

　　走出挂满了藤萝的"曲径通幽"，沿着弯弯小径，穿过装饰着精美窗花的曲折的走廊，首先映入眼帘的是"怡红院"。此院是红楼梦中贾宝玉所居住的地方。"怡红院"内点缀着生机勃勃的奇花异草。屋顶精雕飞檐，酷似古时候的画舫。室内陈设典雅别致，精美绝伦。一切物品摆放得有条不紊。更有趣的是，在宝玉的卧室旁边，立着两个石膏人：一位是风流潇洒的"怡红公子"，一位是丫环袭人。这两个人物被塑造得栩栩如生、惟妙惟肖。加上这书香门第，让人们一见就觉得仿佛已经在《红楼梦》这部古典名著中漫游了。

# 63. 电视塔

　　电视塔的塔身由水泥铸成，底部很粗，越往上越细，形成一个高高的圆锥体，塔身和发射天线的连接部分是一个巨大的扁圆形的瞭望厅，在阳光的照射下闪着红白两色，好像警察的指挥棒。远远望去，彩电塔恰如一把宝剑直插蓝天，显得非常威严。

　　入夜，电视塔的形象更加迷人。塔身上缀满五颜六色的小彩灯，闪烁的灯光和天空的星星交相辉映，十分美丽动人！瞭望厅的窗口闪出五颜六色的光，很像天外来客驾驶的飞碟。天线的最顶端有一盏红色的指示灯，闪闪发光，仿佛在对我们眨眼睛。这一切，又使电视塔显得美丽、神异、雄伟、壮观。

# 64. 六和塔

　　六和塔真大啊，塔身呈八面形，绕塔走一圈，足有半里多长；六和塔真高啊，整座塔高 59.89 米。塔共有九层，层层相连，檐角重叠，站在塔顶上，可以俯视钱塘江全景。六和塔建于北宋开宝三年，也就是公元 970 年，后屡毁屡修，距今已有 1000 多年的历史了。六和塔可算是我国古代建筑艺术中的杰作。塔底有螺旋形的阶梯，盘旋而上直达塔顶。在砖木结构的塔壁、柱梁上，都用彩漆涂画着精美花卉、人物、鸟兽、虫鱼等图案，可谓雕梁画栋。

# 65. 南京长江大桥

清晨，我来到南京长江大桥。今天的天气格外好，万里碧空飘着朵朵白云。大桥在明媚的阳光下，显得十分壮丽。波涛滚滚的江水中，九个巨大的桥墩稳稳地托住桥身。正桥连接着 22 孔引桥，仿佛一条钢铁巨龙卧在大江上面。大桥分两层：底下一层是火车道，铺着双轨；上面一层是公路，公路两旁是人行道。宽阔的马路上，行人车辆穿梭似的来来往往。

# 66. 汤圆

家乡的汤圆是用水磨的糯米粉做的，搓得圆滚滚的、柔柔的，大的有乒乓球那么大，小的就像桂圆那么小。

刚搓好的汤圆雪白雪白的，像一个个小雪球。水开了，把它倒进锅里，一会儿汤圆就漂起来了，这时就可以吃了。熟了的汤圆颜色变了样：晶莹透明，有点带褐色，裹在里面的猪油、芝麻、玫瑰、白糖馅隐约可见，个子也比原来大多了。

汤圆又香又甜，味道真美，揭开锅盖，很远就能闻到一股扑鼻的香味，当你闻到这种味道时，准会馋涎欲滴！

# 67. 烤羊肉串

烤羊肉串是用羊肉、辣椒面做的。把羊肉割成小块穿在一根铁丝上，在肉块上撒些辣椒面，然后放在炉子上烤。烤熟后非常香，保你还没吃到口只要闻到味便馋得流口水。

# 68. 小笼包子

打开笼盖，顿时，一股诱人的香味迎面扑来。呀，真好看！二两一笼，20 个一寸大小的包子稳稳地"围"坐在小笼里，好似一朵盛开的白玉兰花。再定眼细看，小笼包子顶端打的褶精巧细致，白玉似的微微透明的皮里，隐约能看见被汁水包裹着的鲜嫩的肉馅。这包子犹如一件精美的玉雕工艺品。望着它，我口水直往肚子里咽，恨不得一口吞下两个。

# 69. 烤虾

烤虾，只要把洗净的虾放在锅里，倒点水，放一点盐，撒点葱花，焖上一会就熟了。虾就像变魔术一样成了红色，红中夹带着一些小白点。剥去壳，蘸点酱油就可以吃了。这是最常见的一种吃法，其特点是保持了原味。

# 70. "天下一绝"鱼汤面

朋友，你到过古城东台吗？你品尝过我们这里的鱼汤面吗？它汤白质优，口味独特，可好吃啦！

鱼汤面的汤很白，所以又叫白汤面，在我们这里已有悠久的历史了。据老人们说，它的制作经营始于270多年前的清乾隆年间。那时，一位御膳厨师触犯了御膳房的条规，被逐出宫廷，流落到东台。他根据自己在宫廷制作食品的经验，发明了"白汤饺儿"，岂知每日竟顾客盈门。后来，他被一家面馆聘用，就在"白汤饺儿"的基础上做起了白汤面，更是名声大振。于是，全城20多家饭馆都做起了鱼汤面的生意。一时间，东台的鱼汤面驰名大江南北，被誉为"天下一绝"。就是在95年的巴拿马万国博览会上，它也博得了各国来宾的盛赞，还得了金奖呢！

家乡的鱼汤面为什么能受到人们的如此青睐呢？一是因为它的汤十分独特，色白而不腻，味鲜而不腥，质厚而不粘，令人久吃不厌；二是因为它的汤是以鲫鱼为主要原料制成，而鲫鱼有"温胃健脾之功"、"补虚疗肠之能"，常吃它，有"疗补健体之效"。

## 71. 咸呛虾

咸呛虾做起来很容易，把洗好的虾放在浓咸水里，浸上几个小时，一道下酒好菜就做成了。大人们都爱吃咸呛虾。可是爸爸总不让我吃，还说吃了要坏肚子的，因此我到现在还不知道咸呛虾是什么味道的。

## 72. 无锡肉骨头

我就说说无锡的土特产。无锡的土特产品种可多啦！有什么惠山泥人、惠山油酥啦，什么清水油面筋、三凤桥肉骨头啦等等。这些物品和食品中我最喜欢的是三凤桥肉骨头。三凤桥肉骨头又称无锡酱排骨。这是用精猪排做原料，再经过 *14* 道工序，使用特制蒸笼，配加 *12* 种佐料烹制，掺老汁而成。火功透，骨酥肉烂，色泽新鲜，油而不腻，甜咸适中，味道好极了！只要一提起它，我就会流下口水。

## 73．锅魁

在西和城镇，街道上摆满了面食品——锅魁。那放在盘子里的锅魁，状如锅盖，比砖块还厚。锅魁表层一面黄里透棕红，另一面白里含乳黄，边棱则是乳白色，截面雪白，有许多大小不等的花眼，外实而内虚。锅魁香脆如酥，风味别具一格，若加点香豆子，味道更香。锅魁制作简单，食用方便，老幼爱食，价廉实惠，是群众喜爱的大众化食品和馈赠亲友、招待宾客的佳品。

## 74．道口烧鸡

北京烤鸭、金华火腿、道口烧鸡……这些名吃驰名中外，而道口烤鸡就是我家乡的特产。

古老的道口镇位于河南省北部，卫水之滨。经济繁荣，尤其道口"义兴张"的烧鸡历史悠久，色味俱佳，味美不腻，名扬天下。数百年来，它以瑰丽的色泽和浓郁的异香吸引着外地宾客，成为人们款待宾客、馈赠亲友的佳品。传说乾隆皇帝南巡，途经道口，闻到了香气而醒神，问及左右，县令以烧鸡承献，乾隆食之甚喜，称为"天下佳品"。

## 75．扬州的富春包

富春包是扬州的特产，它的种类很多，有蟹肉的、虾肉的、笋肉的、菜肉的等好几样。包子的个儿，大小也不尽相同，大包子，吃一个就饱了；小巧玲珑的，一口能吞一个。有时看着这些精心制作的小包子，简直是在欣赏一个个艺术珍品，使你都不忍心张口了。

富春包的馅味道真是好极了：香味可口，咸淡适宜，油而不腻，鲜美脆嫩，吃后令人回味无穷。包子的馅心品种繁多，那绿绿的是菜馅，清香诱人；红红的是肉馅，味美可口；那黄白相间的是蟹黄馅，要用点醋一蘸呀，比吃螃蟹可爽口解馋多了！我最爱吃的要数干菜包子了，因为它有一种无可比拟的香味，香中带点甜，叫人越吃越想吃。有一回我一口气吃了5个，直胀得腰都弯不下来了。

富春包色、形、味俱佳。难怪被外宾誉为"天下一品"，就连我远在美国的叔叔婶婶来信中也常提起想吃家乡的富春包。

# 76. 美味小吃——馕

我在兰州上学时，吃过烤羊肉。后来，我到了乌鲁木齐。在这里，不论是喧闹的大街，还是僻静的小巷，到处都可以见到摆设在路旁的长条形的烤肉炉，火红的炭火上密密排布着一串一串新鲜羊肉片，在炭火的熏烤下，"滋滋"地冒着油，香味扑鼻。维族师傅不停地喊着："羊娃子肉，快来尝尝！"与兰州不同的是，每个烤肉旁放着的一摞摞的金黄色的烤馕，吃烤羊肉时，也可以吃烤馕。

馕，是维吾尔、哈萨克等少数民族的主要食品。它中间脆、边上软，味香适口。新疆的各民族同胞都喜爱食用，听说波斯语把它称作"面包"。

# 77. 锦州小菜

锦州小菜全国闻名，麻辣鲜味道俱全。尤其是小黄瓜，个头约有

3厘米长，颜色更惹人喜爱，嫩绿嫩绿的，就像刚摘下来的一样，吃一口保您一辈记住它的味道，外国友人吃了也赞不绝口。它的包装也十分讲究，用真空盒包装，形状像埃及的金字塔，盒上还画着许多美丽的图案。您如果来了，可千万别忘了买一盒锦州小菜尝尝。

## 78. 老豆腐

这老豆腐，只要你看一眼就会垂涎三尺：白嫩嫩的豆腐，绿茵茵的韭花泥，红艳艳的辣椒油，外加一勺黄豆粉丝卤汁。舀一勺往嘴边一送，不用嚼，轻轻一抿便咽下，用不了三五分钟，一碗便下了肚。老豆腐色味俱全，营养价值也高。据说常吃老豆腐可以长寿。

## 79. 山西面食

北京的烤鸭，天津的狗不理包子，山东的煎饼，四川的毛豆腐，都是名闻四海的好食品。可提起我们山西的面食来，那也可以称得上是四海闻名了。

山西面食品种名目繁多，有切面、削面、拉面、扯面、龙须面、猫耳朵等许多种面食。其中的切面易做而且好吃，是家庭中不可缺少的面食。还有猫耳朵面，它做法非常简单，只要把一块面放在手掌上，轻轻一搓，便搓成一个像小猫耳朵那样的面片。我最喜欢吃的要属刀削面了。你看哪，饭馆门前一口大锅，滚开翻花的水在锅里"咕嘟咕嘟"地发出响声，距离锅三米处站着的削面师傅们，左手拿面，右手用刀削面，面条像鲤鱼跳龙门似地翻飞着落入锅中。削面两头尖，中间宽，薄如纸，吃起来很可口，非常香。龙须面更是名不虚传，它细如丝，长似线，煮好后加上调料吃，那滋味别提多美了！

# 80. 五香干

家乡人民用传统方法精心制作的"五香干",以鲜美可口的独特风味在方圆几十个乡镇中享有盛名。

"五香干"是用黄豆做成的。黄豆是一种含有高蛋白质和维生素的食物,用它可以做出多种多样的美味佳品。有豆腐、五香干、千张、豆筋等,其加工方法也与外地有很多不同之处。听老人们说,在兴盛的唐朝,这里的各家各户就有了加工豆腐的方法。现在,每逢家里来了客人,主人们都免不了用"五香干"炒肉丝、"豆腐"炒青菜来招待客人。凡是到过家乡的人都要亲自品尝一下石牌的"五香干",临走还要带上几斤,回家让家人品尝品尝。

# 81. 油爆虾

我最爱吃的还是要数油爆虾了。每到春节,我就催爸爸给我烧油爆虾。只见爸爸先往锅里倒点油,等油热了,放上姜末、葱末、黄酒、精盐、酱油、白糖,翻炒一下,倒入洗好的对虾,再翻炒几下,用盖子焖一会儿,一道色、香、味俱全的好菜就做成了。

# 82. 手抓饭

和田是少数民族聚居的地方,其中维吾尔族人最多。我们维吾尔族人的语言、风俗习惯与汉族人不同。我们维吾尔族人最喜欢吃手抓饭和烤羊肉。抓饭是用大米、胡萝卜、肉做的。做好后,香喷喷的,使人越吃越想吃。每逢节日或请客的时候,有些维吾尔族人就做手抓饭来招待客人。

# 83. 松饼

家乡的松饼是可以作为礼物送给亲朋好友的。家乡父老过年走亲戚，总不忘拎着自己家乡的特产串门，显得自豪，身价也似乎提高了。

记得中秋节的一天，妈妈买了一盒月饼，两盒松饼。我问她："妈妈，按习惯，中秋节吃月饼，不该吃松饼，您买松饼干嘛？"妈妈笑呵呵地说："虽说是中秋节该吃月饼了，可是月饼不管怎么好吃，也总比不上自己家乡的松饼那样香甜、可口、松脆。而且松饼和月饼一样，不也是圆的吗？"听了妈妈的话，我不由的拿起一个松饼尝起来。妈妈说得对，月饼虽然品种琳琅满目，可味道总比不上松饼好。

# 84. 糍粑

捏糍粑还很有讲究。糍粑的纹饰样式很多，有的在糍粑上点4个红点，老人说那是表示四季发财；有的在糍粑上印着"寿"字，那是表示晚辈希望自己的长辈长寿；有的在糍粑上印着花草树木、鸡鸭鹅狗，表示五谷丰登、六畜兴旺；还有各种动物的纹样。

糍粑的形状不拘一格，有圆的，又有方的。长辈们说，圆的表示亲人团圆不分离，方的则是表示山里人的性格方方正正、直直爽爽。颜色也不光是白色的，还有红的、青的。长辈们说，红的表示山里人的日子红红火火；白的、青的表示人要清清白白。

# 85. 我们的校园

无论是你闲时漫步，还是偶然路过，当你经过一条茂密的林荫路时，一定会发现，路的一侧有几幢漂亮的白色高楼拔地而起。当你走近的时候，就会听到一阵朗朗的读书声，悦耳的歌声，这儿就是我们的学校：全省中小学中惟一被命名为文明单位的纬五路第一小学。

这是一所花园式的学校，茂密的林荫郁郁葱葱，花园中各种花卉四季飘香，无数蜂蝶在花丛中飞舞。这里的花儿，你落了我开，我走了她来，真好像事先商议好了似的。清风吹拂，枝叶摇动，为这诗一般的校园增添了无限雅趣。

走进我们新建的教学楼，一间间宽敞、明亮的教室里坐满了专心听讲的同学。学校开展了电子计算机、美术、音乐等各项课外活动，并成立了兴趣小组，在这样美好的环境里学习，太幸福了。

# 86．小店

春天的微风轻轻吹来，使人心旷神怡。我家对门的小店乘着东风给附近居民带来说不尽的温馨。

人们走近小店，会看见盆盆鲜花点缀在小店门前，显得异常鲜艳。进入小店，感是那么清新。

迎面是一排崭新的玻璃柜台，分上下两层。上层整整齐齐地摆着一盘盘糖果，有奶糖、水果糖、巧克力、泡泡糖……真是形形色色、无所不有；下层摆放着各种香甜的饼干，清凉解渴的饮料……柜台后面是一个大货架，很有层次地摆放着一瓶瓶高档酒，有什么茅台啦、五粮液啦……品种可多了！

左边是卖熟食的，玻璃柜里挂着香肠；托盘中有肥肥的扒鸡，各种酱肉、香肠、鱼肠。

右边是卖水果、冷饮的专柜，货架上有秩序地摆放着黄灿灿的大香蕉，又红又大的苹果，带绿叶的大菠萝……五颜六色漂亮极了，整个小店充满了新鲜水果的清香。在冰柜中有好多冷饮，像"熊猫"、

"紫雪球"、"双棒"、"三明治"冰淇淋，都是我们这些小朋友爱吃的。这时，一个小女孩走到柜台前说："阿姨，我买一盒冰淇淋。"说着把钱放在了柜台上。售货员阿姨迅速地将冰淇淋交给了她，面带微笑和蔼地说："小朋友，拿好，欢迎再来!"这一切，使周围的顾客不禁喜上眉梢……

店堂虽不大，但是布置得井井有条，前来购物的顾客虽然多，可是很有秩序。

# 87. 家乡的街道

我家住在二院巷。记得小时候，这里的街道狭窄，阴暗潮湿。晴天尘土飞，雨天满街泥。坑坑洼洼，残墙破壁。街两旁是粪堆柴垛，猪圈厕所。瓦砾满街丢，猪屎尿水流。到了夏天，臭气冲天，连棵树荫也不见。最使我伤心的是，我上一年级时，晚上写作业，没铅笔了，我让爸爸去买，爸爸说："天黑了，供销社不开门了。"我生气地说："唉呀，明天怎样向老师交作业呢? 要是我们这条街道上有个小商店就好了!"

几年过去了，家乡的街道大变样。一排排青石瓦房，一行行大叶白杨。整齐的街道，洁白的粉墙。商店、剧院、保健站，都建起来了。粪堆、猪圈、柴火垛不见了。街道平坦干净，还铺上了柏油。到了夏季，晚上人们坐在街道乘凉，吃着瓜子，喝着茶水，说笑聊天，心里是多么地欢畅!

# 88. 方形小院

在我们教室前面，有一座方形小院。它南靠校长室，西邻图书馆，是一个既美丽又幽静的地方。

别看院子小，它四季景色却是最迷人的。春天，西南角上的桃花开得多茂盛啊！紧靠桃树的白丁香也悄悄地吐出豆大的绿叶芽。梨花好像在跟桃花媲美似的，也绽开了那雪白的花朵，这儿一簇，那儿一簇，点缀在嫩绿的枝叶中。夏天，东面3棵葡萄爬上了架，碧绿的叶子搭成了一个乘凉的棚，那一串串刚长出的小葡萄多么诱人啊！秋天，北面一棵比大人高不了多少的小柿子树上，结满了像红灯笼似的小柿子。矮个子的同学伸手也能摸到它们，可是我们不仅知道柿子是甜的，更懂得要爱护花草树木。几株山楂树也是果实累累，红玛瑙似的山楂果缀满枝头。当冬天到来的时候，小院里铺上了厚厚的白雪。上课铃响了，是谁还站在小院里不动呢？原来，那是我们在雪地上堆的滑稽雪人。

小院既是我们的卫生区，又是我们的运动场。清晨，当金色的阳光洒满小院时，值日生们早已把小院扫得干干净净。课间，有的在这里跳皮筋；有的在这里玩沙包；有的做游戏；有的几个人凑在一起，讨论着刚刚在课堂上学到的新知识；有的站在丁香树荫前，静静地望着，向往着未来的美好生活……

# 89. 我们的操场

我们的学校坐落在美丽的青龙山脚下，风景如画，气候宜人。学校的大操场紧依着西教学楼，整个操场广阔而平坦，长100多米，宽60多米，呈长方形。

操场的中间有一块绿色的草坪，每逢春天来临时，同学们都愿意三五成群地到草坪上去读书、玩耍。那琅琅的读书声，常常吸引着操场外面的行人。

草坪的外围是白色的跑道，同学们常在这儿练长跑。跑道的西北角是篮球场地，一南一北安放着高大的篮球架，这里是那些小篮球爱好者们的天地。从篮球场地往南走，便是跳高、跳远的场地，这吸引着另一些体育爱好者。

每天课外活动时，操场上便出现一片沸腾的景象。同学们有的打球，有的跳高，有的跳远，有的练武术，有的做游戏……热闹极了。

# 90. 我家的小客厅

要说我家的客厅嘛，可真宽敞明亮。它南面朝阳，足足有 10 平方米。客厅正中央的墙上挂着一幅"储蓄花开千万朵，装点生活美如画"的书法作品。字写得虽说不上刚劲有力，但也挺工整秀气。为什么呢？因为这是我的"杰作"。"杰作"的下面是一张方形小桌，这是我家的饭桌。每当逢年过节，妈妈总要做满一桌丰盛的饭菜来招待客人。客厅左侧是一台蔷薇牌单缸洗衣机。客厅的右前方是一台万宝牌四星级电冰箱，它是两个月前才买来的。记得买回电冰箱的第二天，妈妈就给我做了八个又大又甜的冰淇淋，我一下子就吃了两个，真解馋。现在冰箱里还放着肉、苹果、罐头和月饼呢！紧挨着电冰箱的写字台上，放着一台进口的索尼牌 50 厘米大彩电。每当夜幕降临时，我们全家便坐在电视机旁，观看着精彩的节目，心里甜滋滋的。

这就是我家的客厅。希望老师有空一定来我家做客。

# 91. 教室

在乌黑的玻璃黑板上方贴着"好好学习，天天向上" 8 个鲜红的大字。教室的后面是黑板报，上面写着"学科学，爱科学" 6 个大字，下面有三幅画，每幅画上都有几个少先队员在精心制作各种科技制品。

教室的左面有几扇窗户，窗户上的玻璃擦得干干净净，阳光从窗外射进来，把教室照得特别明亮。右面的板报上展出的是同学们的优秀作业。教室中部是摆得整整齐齐的桌椅。

# 92．敬老院

到了敬老院，院长和老人们热情地把我们迎了进去。同学们简直不敢相信自己的眼睛，多美啊！两座高楼拔地而起，雄伟壮观；正中一条笔直的大道，一直延伸到宿舍楼；两旁绿色的草坪，美丽的花台、水池、凉亭，挺拔的绿树……一切使人感到清新、秀美。

我径直来到老人宿舍楼前，上了楼，走进老人宿舍。房间真宽敞啊！屋子里亮堂堂的，左面靠墙是一个大衣柜，窗前是一个写字台，屋顶安着吊扇。老人床上绸缎被子干干净净，叠得整整齐齐。床边放着各种补品。一位白发苍苍、脸上布满了皱纹的老奶奶坐在床上笑盈盈地看着同学们。

# 93．石头爷爷

石头爷爷是韩国济州岛的象征。它是灰色的，有像鸡蛋一样的大眼睛，还有像香蕉一样的嘴巴和像小鼓一样的肚子。

它的头上戴着一顶帽子，好像是怕给别人看到自己的白头发一样。

石头爷爷耸着肩，显得很苍老。它是用火山石加工做成的。在济州岛的一些商店或路边的小卖部都有不同形状的石头爷爷。

石头爷爷身上还有许多小洞洞，这是为什么呢？我想是因为石头爷爷经过了火山的考验炼出来的。

再仔细看看石头爷爷的神态，它小心翼翼地用一双大手保护着它

那鼓鼓的肚子，好像很害怕。其实它很勇敢，什么都不怕。它每天二十四小时都守护着济州，让济州人民平平安安，快快乐乐地生活。

石头爷爷是济州人的保护神。

# 94. 我的笑娃娃

我八岁生日的时候，爷爷送给我一个笑娃娃。爷爷说我生下来以后总是不爱笑，给我一个笑娃娃让我笑起来。我有许多娃娃，有坐娃、睡娃、八音娃、身穿和服的日本娃……但我的笑娃和它们不一样，它没有胳膊，没有腿。它不会跑，也不会跳。既不吃饭，也不吃水果。它吃什么呢？专吃硬币。你猜它是什么？是笑娃娃储蓄罐。我的笑娃娃可惹人喜爱了。它浑身深蓝色，光溜溜的，眼睛炯炯有神，头上扎着一条粉色绸带，它那张大嘴总是微笑着，鼻子又红又圆。你知道它为什么叫笑娃娃吗？因为你只要轻轻碰一下它的鼻子，它就会发出："哈、哈、哈……"的笑声，脖子后面的投币口会自动打开。我可喜欢它了，每天放学回家我都要把它擦得一尘不染。以前，我是个"小馋猫"，特别爱吃零食，自从有了笑娃娃储蓄罐，这个毛病可改了不少。我特别喜爱它，因为它帮助我进步，是我最忠实的朋友。

# 95. 小台灯

我家写字台正中的那盏小台灯，色彩鲜艳，式样别致，引人注目。这盏台灯的灯柱是由七块晶莹发亮的棕色玻璃砖连在一起的。每块玻璃成梯形整齐地连接在底座上。浅蓝色的纱制灯罩像把伞，遮住了整个灯泡。底座是红色有机玻璃做的。我最喜欢的是它上面的装饰物——两只漂亮的小孔雀。它们也是玻璃的，身上披着湖蓝色的羽毛，上面点缀着椭圆形的金色斑纹。在灯光下，羽毛一闪一闪的，好像在抖动。一只孔雀已经展开了五彩斑斓的大尾巴，真像一位骄傲的公主。另一只头顶金黄的翎子，像戴着一顶皇冠，站在那里向四处张望，好像正等待适当的时机展示自己的美姿。人们传说孔雀是幸福、吉祥的象征，因此我非常喜爱这盏小台灯。晚上，我坐在写字台前，拉开带着金色拉链的开关，柔和的灯光洒在桌面上，我拿出作业本，开始写作业。小台灯陪伴着我做完了当天的功课，又开始预习第二天的课程。台灯上的两只美丽的小孔雀看着我好像在说："你真是一个刻苦学习的好孩子。"这时，我就会忘记一天的疲劳，心里特别的舒畅。小台灯是我的好伙伴，它给我带来了光明和幸福，它将陪伴我度过金色的童年。

# 96. 瓷雕

在我家的写字台上，摆放着一个小巧玲珑的瓷雕。它上面的人物造型栩栩如生，一个是威风凛凛的孙悟空，头戴九花紫金冠，两道红缨迎风招展，腰围虎皮战裙，脚踏六彩祥云，左手倒提十万八千斤的如意金箍棒，右手搭起凉棚，火眼金睛睁得老大；另一个是铁臂阿童木，两脚黑乎乎的，里面装有十万马力的发动机，走起路来会呱呱地响，两只眼睛像双探照灯，雪亮雪亮的。他俩都高兴得合不拢嘴，似乎都在眺望两人相会的地方。瓷雕下面有两座山，一座是雄伟壮观的泰山，山上青松挺立；一座是美丽无比的富士山，山下樱花盛开。看到这座瓷雕，我不由得想起一年前的情景。在我 8 岁生日那天，和爸爸有工作关系的一位日本朋友和他的儿子来我家做客，临走时，那位日本小朋友把瓷雕送给我，并用生硬的中国话对我说："我就要跟爸爸回国了，这个留给你做纪念吧。"我紧紧地拉住他的手，激动地说："我们会再见面的。"从此，这座瓷雕就成了我的宝贝，我把它放在写字台上，每天都要小心翼翼地擦拭一遍。这座象征着中日两国人民友谊的瓷雕，如同樱花一样盛开，松柏一样常青。

# 97. 景泰蓝杯

　　我家有一个景泰蓝杯，可漂亮啦！棕色打底，条条金丝组成一朵朵"云"。上面刻有两朵鲜艳欲滴的菊花，我最喜欢其中那朵白粉相间的了。这朵菊花的中心点缀着几个淡黄色的花蕊。然而它最美的地方还是它的花瓣。花瓣靠近花蕊的地方还是白色的，而到了卷曲的顶尖就逐渐变成了淡淡的粉色。远远望去，一片片花瓣就像一个个倒挂着的如意，真美啊！这朵花还很"香"。不信，你瞧，一只只五颜六色的"蝴蝶"在围着它"跳舞"呢！奖杯的底座是黑色的，镶着一块长方形的金属片，上面用红字写着："1990 年中国围棋元老杯赛第一名华以刚。"自爸爸从兰州带回来这个奖杯，妈妈早上整理屋子时又多了一件事——擦奖杯。她先用湿布擦去奖杯表面的尘土，从奖杯口一直擦到奖杯的底座，直到整个奖杯都蒙上一层细细的水珠。然后，她用干布一点一点拭去奖杯上的水珠。擦完后，总是看了又看，好像那奖杯上有什么永远审不完的秘密。我望着在阳光照射下闪闪发光的奖杯，觉得它更美了。

# 98. 杯子

　　可恶的是他那些装酒的大杯子。外表上虽然是真正的圆筒体，可是在里面，那些讨厌的绿色玻璃杯子却狡诈地往下收缩，直缩成一种骗人的杯底。在这些拦路贼也似的酒杯四周，还粗拙地刻有平行的一格格。倒到这一格，只要你一个便士；再倒到这一格，又得再加一个便士；以此类推，直到倒满一杯——这种合恩角的量器，使人一口气就可以喝掉一个先令。

# 99. 水晶杯

她面前放着一只雕琢精美的大水晶杯，杯身反映出璀璨的华灯的无数闪光，就像三棱镜反射出的七彩虹霓。

# 100. 酒杯

可恶的是他那些装酒的大杯子。外表上虽然是真正的圆筒体，可是在里面，那些讨厌的绿色玻璃杯子却都狡诈地往下收缩，直缩成一种骗人的杯底。在这些拦路贼似的酒杯四周，还粗拙地刻有平行的一格格。倒到这一格，只要你一个便士，再倒到这一格，又得再加一个便士，以此类推，直到倒满一杯——这种合恩角的量器，使人一口就可以喝掉一个先令。

# 101. 瓷杯

这是个棕色的祖传大瓷杯，杯边被几代人的馋嘴擦损了一些，象磨损的门槛一样，杯外烧着几个黄字，写的是——没有我就无趣。

# 102. 落叶

秋天，我顺手拾起一片落叶。叶片上鹅黄色的底儿泛着淡青色的光彩，色调是那样自然、和谐。叶面上脉络清晰，宛如整齐的图案。

叶边的小锯齿儿，像无数个"人"字，规格十分别致。叶柄深黄，略略涂着一些红晕。放在鼻下闻一闻，一股淡淡的幽香沁人心肺，引起人的向往……我看着脚下的落叶，仿佛来到了色彩斑斓的树叶王国，那遍地的落叶编织成松软的地毯，那飘舞的落叶像一只只彩蝶……到处是落叶，到处是生机。如果说迎春花是报春的使者，那么落叶应该是迎秋的顽童。每当凉爽的微风送来秋的信息，它就毫不犹豫地挣脱母亲的怀抱，奔跑着、飞舞着。它看望红了的高粱，问候黄了的玉米，祝贺绿了的白菜，田野里到处留下它的足迹，它把丰收的喜讯告诉给人们。

# 103. 餐具

洁白的抽纱台布上，放着一整套玲珑瓷的餐具，那玲珑瓷玲珑剔透，蓝边淡青中暗藏着半透明的花纹，好像是镂空的，又像会漏水，放射着晶莹的光辉。

# 104. 紫砂壶

紫砂壶有奇妙功用，壶壁充满肉眼见不到的有规律排列的亿万细小气孔，滴水不透，又通风透气，以它泡茶，茶美、味醇、气香，使用一久，壶壁似海绵般吸足了茶汁，内壁又会堆起一层茶锈，这时即使不放茶叶，冲入沸水喝时也会感到醇香扑鼻，难怪人们要对紫砂茶具爱不释手了！

# 105. 泡菜坛子

他却在瓷器商店里挑了一个两块多钱的泡菜坛子。坛子小巧玲珑，转圈用黄色和棕色的花纹组成古色古香的图案，就和汉墓的出土文物一样。这样漂亮的家庭用具，是西北的小县城里没有见过的。

# 106. 草盘

这两斤月饼，是他送给老人家的，可是下面盛月饼的盘子，他却没见过。他走近细看，原来是用草编成的，上面有黄花，有红花，有绿花。再一细看，那五彩的花朵不是染的，却是用有颜色的草编的，手艺十分精巧。

# 107. 烟袋

白酱丹白三老爷的烟袋，是红铜衬底，白铜镌花的，而正惟其有如此漂亮，所以吃饭、走路和上厕所，他都从不离手。因为一个水班头子称赞着烟袋的做工精致，他自己也就津津有味地举起来瞧了瞧，吹了一口沾在上面的细碎烟丝。

# 108. 旱烟管

他那支旱烟管虽然比乡镇上戴钢边老花眼镜的七十岁老公公手里的家伙稍稍短一点，可已经比同舱那位女青年的粉红绸洋伞长一些。这是湘妃竹的，红润如玉，白铜斗儿，象牙咬嘴，挂着一副白银的剔牙杖和小小一对碧玉连环，不过盛旱烟的荷包却又是外国人用来装板烟的橡皮袋儿。

# 109. 烟斗

烟斗的柄乌里，细长，而且柔滑，头部却又那么沉重，壮实，微微透点温暖，很庄严地由我嘴角长长伸出，宛如我的四肢以外，凭空又添了个小拳头。

# 110. 雕花烟斗

一次，他闲坐着，嘴上叼一只大烟斗。无意间，目光碰到又圆又光滑、深红色的烟斗上。他忽然觉得上边深红色的木纹，隐隐像一双敦煌壁画中的飞天人物；他灵机一动，找到一把木刻刀，依形雕刻出来，再用金漆复勾一遍，竟收到了意想之外的效果。这飞天，衣袂飞举，裙带飘然旋转，宛如在无极的太空中款款翱翔，并给阳光照得煌煌辉目。真有在莫高窟里翘首仰望时所得的美妙感觉。那些刀刻的线条还含着一种他从未感受过的浓厚又独特的趣味。如此一来：一只普普通通的烟斗便变成一件绝妙的艺术品。

# 111. 海泡石烟斗

那是一枝熏得很透的海泡石烟斗，像它的主人翁的牙齿一样地黑，不过是香喷喷的，弯弯儿的，有光彩的，和他的手很亲密并且又补足了他的仪表。

# 112. 烟盒

王子修老大爷的烟盒子是豹码子木作的，很珍贵。据说这种木材制的盒子，就是酷暑天储存二斤肉，也绝不会变味。装烟呢，扣严了盖子，永远保持烟的湿润。王子修老大爷的烟盒子不但讲究，烟袋也讲究。乌木管，玛瑙嘴儿，长长的，正好伸直自己的胳臂才能点火。

# 113. 肥皂

那里地域偏僻，交通闭塞，几乎很少有人使用过肥皂。老乡们洗衣服都是棒槌石压泉水里漂。当我第一次取出肥皂，在泉水边洗衣服时，山村里的姑娘媳妇全都瞧呆了：这黄澄澄、滑腻腻的一块，居然会搓出那一大堆白色的泡沫，在金灿灿的阳光折射下，散发出五颜六色的光芒……

# 114. 手杖

我接过手杖。它还散发着新木的清香味儿。拐杖是用一根连根的羊奶木做的，柄上烙着许多小梅花，柄端有一点红，仔细一看，是一颗小小的红五星，虽然刻得不甚对称，但精心雕刻的功夫是看很分明的。……我拄着它，不高不低，刚称手，我立即觉得大地通过它，把一种巨大的支撑力量注入我的躯体，使我稳实地站立着……

# 115. 伞

一把伞儿，小巧，别致，款款地浮在一片典雅、温馨的氤氲里。淅沥淅沥的小雨柔软地抚弄着伞面，缓缓流泻着一支古朴小调。

# 116. 黑布伞

撑一把黑布伞在雨中仍不失古典的韵味。任雨点敲在黑布伞或塑料伞上，将骨柄一旋，雨珠向四方喷溅，伞橼便旋成了一圈飞檐。跟女友共一把雨伞，该是一种美丽的合作吧。

# 117. 箱子

他看见大大小小的箱子上贴满了花花绿绿的旅馆商标：洛杉矶的、东京的、曼谷的、香港的，还有美国环球航空公司印着波音747的椭圆形标签。从这个小小的贮藏里掀开了一个广阔的世界。

# 118. 鞭炮

到了腊月二十三，鞭炮声劈劈剥剥，从早到晚就接上流儿了。鞭炮是中国老百姓的喉舌、中枢神经。鞭炮声响了几千年，是一支永不衰老的歌，没有一个中国人会对它产生厌倦。老百姓高兴时放，痛苦时放，神经正常的时候放，疯狂的时候也放。……有了喜事用它表示庆贺、象征吉祥，碰上倒霉的事用它驱赶晦气，心虚发毛时用它壮胆。

# 119. 家具

家具用核桃木制作的，端庄高雅，华贵的花纹闪着柔和而自然的光泽。宽大的沙发和软椅套着丝绒的座面。在房间的一角，摆着冰箱和彩色电视机等现代化的生活设备。

## 120. 臂椅

臂椅都宽得像一张一张的床，沙发都深得像一座一座的神龛，给人一种懒散欲睡，后宫淫逸生活的感觉。

## 121. 橱

从外表看，它小巧典雅，玲珑剔透，亮闪闪的清漆下面露出了一道道柔和的木纹。小碗橱的内壁及隔板，全用的是枣红色的大漆，配上各种漂亮的陶瓷碗碟，更显得堂皇富丽。最招人喜欢的是那些嵌在它门上、抽屉上的黄铜拉手，金光闪闪的，像是一位衣着华丽的贵夫人身上的无数装饰品，光彩照人。

## 122. 书架

我看着自己的新家，看着在书架上静静放着的一排排书。有的是熟悉的，那是从大学到工作我自己买起来的；有些是不熟悉的，那是丈夫从他的书架里搬过来的。隔得远远的，我都能嗅出他那小屋潮湿的灰气。

## 123. 图书馆书架

我喜欢站在一排排开架的书前，一行行地读目录，时而抽出一本翻上几页。我喜欢沿着书架散步，伸开手臂，让手指在书脊上顺次滑过，像小时候走在瓦楞铁皮的围墙边。

# 124. 书桌

我有张小小的书桌。它又窄又矮，破旧极了。在外人眼里简直不成样子。上边的漆成片地剥落下来，残余的漆色变得晦暗发黑，连我自己都认不准它最初是什么颜色。桌面又满是划痕、硬伤，还有热水杯烫成的一个个套起来的深深浅浅的白圈儿。它一边只有三个小抽屉，抽屉把儿早不是原套的。一个是从破箱子上移来的铜把手，另两个是后钉上去的硬木条。别看它这份模样，三十年来，却一直放在我的窗前，我房间透进光来的地方。我搬过几次家，换过几件家具，但从来没有想到处理掉它……

# 125. 椅子

那木头椅子是中国旧式的所谓太师椅子，又方又大而且很结实，大概二十多斤重。大概中国古时候的人不常搬家，才用了质地过于密的木料做着一切家具。

# 126. 沙发

尤其是那小沙发，蓝色的小沙发套上缀着白色的花边，左手上一块，右手上一块，背后一块。花边是自己亲手用勾针打的，是透笼的，轻轻巧巧的，好像那沙发并不能坐人了，只为着摆在那里看着玩似的。

# 127. 床

堂吉诃德的床只是四块粗糙的木板架着高低不平的两只板凳；褥

子薄得像床单，里面尽是疙瘩，要不是窟窿眼里露着羊毛，摸来硬邦邦的疙瘩就像石子；两条床单就像盾牌上的皮革；一条毯子上经纬的线缕，谁要是有兴数一数，准可以一根不漏地数个清楚。

# 128. 桃花心木的床

面对着她的，不是以前一直放在两扇窗子之间的她母亲的写字台，而是那张床。它似乎沉浸在一片淡红色的光线里，桃花心木的床架像壁炉上突出的架子那样高高耸起，从上到下全用桃红的缎子裹着；桃红缎子的褶边在床脚那儿朝上翻起；桃红缎子简直把四面的窗子遮得密不透风。

# 129. 有栏杆的床

妇人旋教西门庆使了六十两银子，也替他买了这一张螺钿有栏杆的床，两边捅扇都是螺钿攒造，安在床内。楼台殿阁，花草翎毛，里面三块梳背，都是松竹梅岁寒三友。挂着紫纱帐幔，锦带银钩，两边香球吊挂。

# 130. 雕花床

当约娜一看到她的床，她高兴得叫起来了。床的四个角上，有四只橡木雕制的大鸟，全身乌黑，上蜡后闪闪发亮，它们像守护天使一般围抱着床。床架两旁雕的是绕着花朵和鲜果的两个大花环；四根带有哥林多式的柱头、细刻精镂的凹纹床柱，托着檐板，上面刻着缠蔷薇花的小爱神。

这张床气派十足，虽然年代已久，木料变暗了，显得有些严肃，但却仍然是很雅致的。

床面的罩单和床顶的天幕灿烂如繁星闪耀的天空，那都是用深蓝的古式丝绸做成的，上面绣着一朵朵金色的大百合花。

# 131. 帘子

帘在建筑中起"隔"的作用，且是隔中有透，实中有虚，静中有动，因此帘后美人，帘底纤月，帘掩佳人，帘卷西风，隔帘双燕，掀帘出台，等等，没有一件不教人遐思，引人入画。……帘的美，还要配合着帘钩、帘架，"百尺虾须上玉钩"，虽未说出什么帘架，想来也不会太寒酸的。至于"草色入帘青"，疏帘听雨，那也必然是雅洁的竹帘了。

# 132. 挂钟

突然，一声尖厉的响声，像生锈的发条发出的声音，打破了寂静。……从一座挂钟的上面，跑出一只涂彩的木制公鸡，喔喔喔地叫了三下。这是一架精巧的机器，是当时的学者用来按时叫醒自己起床工作的那一种。

# 133. 座钟

根据老人们传说，这座钟是一个有名的工匠铸造的。钟上铸满了细致的花纹：有狮子滚绣球，有二龙戏珠，有五凤朝阳，有捐钱人家的姓名住址，还有一幅"大禹治水图"。乡村里人们喜欢这座古钟，从大堤上走过，总爱站在钟前仔细看看，伸手摸摸。年代远了，摸得多了，常摸的地方锃明彻亮，如同一面铜镜，照得见人影，能映出向晚的霞光，早晨的雾露，雨后的霓虹，也能映出滹沱河上的四季景色。不常摸的地方，如同长了一层绿色的釉子，紫黝黝的。

# 134. 吊钟

刘姥姥只听见咯当咯当的响声，很似打罗柜筛面的一般，不免东瞧西望的，忽见堂屋中柱子上挂着一个匣子，底下又坠着一个秤铊似的，却不住的乱晃，刘姥姥心中想着："这是什么东西？有啥用处呢？"正发呆时，陡听得"当"的一声，又若金钟铜磬一般，倒吓得不住的展眼儿。接着一连又是八九下，欲待问时，只见小丫头们一齐乱跑，说："奶奶下来了"。

# 135. 罩子灯

炕桌上的玻璃罩子灯放着昏暗的光，那光投到墙上，像贫血人的脸。灯捻子懒洋洋地燃烧着，一会儿"突突突"地跳几下子，黑烟子从上边那小口子一股一股地朝外冒，把罩子熏了厚厚的一层，变的像黑煤块似的。

# 136. 电灯

冯家山那一大簇明亮的电灯，仿佛在晚风中轻轻摇曳，就像在南山顶上，突然长出了一株白花怒放的大梨树！

紧接着，安装在冯家山谷场上的那两盏大电灯也亮了。在暮色里，在晚风中，那两盏大电灯一会儿像是两池清澈的春水，一会儿又像是两颗铮亮的大星；一会儿像是向人眨眼，一会儿又像是对人微笑——就像一位漂亮姑娘长了两只会说话的眼睛！

# 137. 石榴灯

席蒙打开这个匣子，只见红缎子的衬里上放着一盏样子很别致的灯，灯身是一只石榴，有人头一般大小，上面有几道裂开嘴的地方，露出一粒粒大玛瑙做的石榴子，石榴皮是金的，上面的皱纹和真正的石榴皮的皱纹一模一样。

# 138. 花灯

这对花灯精美极了，如能保存到今天，放到工艺美术博览会上，也绝不比玉雕珍宝逊色。它二尺高，分三层，一根立柱贯串，立柱上盘着腾云驾雾的金龙。每层都九只灯，每盏灯是一个戏曲人物，由这些人物组成一出出戏。这些人物只四寸高，却精巧到用蛏子壳做指甲，个个栩栩如生。那乡间喜爱的罗成、赵云、张飞、李逵、武松，格外生动，谁看了谁的感情都为之牵动。

# 139. 珍珠灯

听说在崇祯初年，宫中有珍珠灯，高四五尺，全用珍珠穿成，每一颗珍珠有一分多重；华盖和飘带皆用众宝缀成，带下复缀以小珠流苏。一尺多高的珍珠灯，据说一共有四十九盏。宫中各殿都有极贵重之彩灯数盏。殿陛甬道，回旋数里，全有白玉石栏，石栏外边每隔数尺远有雕刻精致的龙头伸出，颌下凿有小孔，专为悬插彩灯之用。无殿陛石栏处，立有莲桩，每桩悬挂琉璃灯一盏。紫禁城中各处所悬各色花灯，共有数万盏。

## 140. 长明灯

天已经黑了。在高家，堂屋里除了一盏刚刚换上一百支烛光灯泡的电灯外，还有一盏悬在中梁上的燃清油的长明灯，一盏煤油大挂灯，和四个绘上人物的玻璃宫灯。各样颜色的灯光，不仅把壁上的画屏和神龛上穿戴清代朝服的高家历代祖先的画像照得非常明亮，连方块砖铺砌的土地的接痕也看得很清楚。

## 141. 油灯

壁炉架上的那盏灯继续燃烧着，在耗竭那浮在水面上的最后几滴油；灯罩现出一片淡红色的光泽，火焰在垂熄以前突然明亮起来，射出那些最后的摇曳的光芒，这种光芒，虽然是属于没有生命的物体的，却常常被人用来比拟人类在临死前那一阵最后的挣扎。一片昏暗凄惨的光笼罩着那青年女郎身上的披毯和她周围的帐子。

## 142. 蜡锡灯

当他在这样用功的时候，吊在他头顶那盏系着链条的沉重蜡锡灯，不断地随着船身的摇动而晃动，始终把闪闪的微光和簇簇的阴影，投射在他那刻满皱纹的额头上，简直叫人以为，一边是他自己在那幅皱折的航海图上作着航线的记号，同时也有一支肉眼看不见的铅笔，在他那深刻着海图似的额角上画着航线。

# 143. 台灯

旁边的小小的台灯，从那朱红色的灯伞下面放射着光辉，因为那灯伞太小了一点，所以那灯光像似被灯伞圈住了似的，造成了铜黄色的特别凝炼的光圈。

# 144. 大吊灯

金碧辉煌的大吊灯，高悬在客厅正中，彩色的光线，撒到雕塑精美的天花板上，然后折射下来，给客厅带来一种舒畅柔和的喜色。

# 145. 钢笔

她说的"宝贝钢笔"，正放在茶几上：通体黑色，模样粗壮笨拙，笔帽是螺旋口的。笔卡子顶端是个小圆球，电镀的光亮已经褪尽了，露出了黄澄澄的铜质本色，隐隐约约能看见"金星"两个字镌在上面。这种钢笔现今已不大见到了。

钢笔是桔黄色；笔帽上，缠绕两道耀眼的金箍；镀金的笔卡子，在正面镂有几个外国字码；黄澄澄的大笔尖上，有米粒大的一块白金。从外形上就能看出这是支好水笔。

# 146. 圆珠笔

树梢的小鸟唱着，跳着，望着这快乐的小鸟，我就不由地想起叔叔送给我的那支三色圆珠笔。这支笔的笔杆是天蓝色的，笔头上有一只可爱的小黄莺，一拧动笔杆就会跑出红的、蓝的或黑色的笔芯。

# 147. 石砚

龙池石加工成砚后，光泽莹亮，触感温润细腻，以物击之铿锵悦耳；用以书写作画，发墨细腻耐用，起笔不损毫锋；上等龙池砚可见梅花、云朵、水波等形状的晕纹布列其中。

# 148. 象棋

我回头一看，原来只剩了一盘，恰是与冠军的那一盘。盘上只有不多几个子儿。王一生的黑子儿远远近近地峙在对方棋营格里，后方老帅稳稳地呆着，尚有一"士"伴着，好像帝王与近侍在聊天儿，等着前方将士得胜回朝；又似乎稳稳看见有人在伺候酒宴，点起尺把长的红蜡烛，有人在悄悄地调整管弦，单等有人跪奏捷报，鼓乐齐鸣。

# 149. 台历

把旧的台历换下来，不小心跌落在地上，散开，就像北国树林里的初冬的秋叶。

一页，又一页，拾起散落在地上的台历……有一些上面是写着字的。有的写着那一天的约会，有的写着那一天要办的事，有的写着一个新朋友的电话号码，有的写着那一天在书报上看到的值得记下的句子。这些事情都过去了。像生命的树飘下的叶子。

# 150. 笛子

　　小张鼐那时在孩儿兵中做小头目，在皇陵得到一只笛子，是北京宫中一百七十年前的旧物，由一个钟鼓司的太监带到了凤阳皇陵。笛身用最名贵的建漆漆得红明红明，在月光下可以瞧见人影。上边刻有刀法精细的青山牧牛图，还有赵子昂两行娟秀的题字：上题宋人诗句"牧童归来横牛背，短笛无腔信口吹"；下题"成化元年制"。画的线条嵌成石绿色，题字嵌成赤金色，虽经历一百数十年，色彩如新。笛尾是一段象牙，使这个笛子显得十分典雅。

# 151. 竹笛

　　一个笛子，是用上好的竹子做成的。日子久了，变细了。黄澄澄的泛着油汗色，越发显得古朴、玲珑，万般可爱了。闲暇时，用红绸子一裹，放在一个长方形的木盒里。夜里放在枕边，觉得安稳，它便是你的魂了。

# 152. 小提琴

　　琴上的黄漆经过不知多少人的手不断触摸，已经磨损了；弦也断了，毫无生气地悬挂着；弓上那个细长的黑色弦枕也断成了两半，那样子很像是个孤树的树桩，过去虽然曾经是一棵树，现在却毫无遮掩地裸露在一月的风霜之下了。那提琴非常像一只旧得已经不能航行的船突然遭到风暴袭击，船中所有的绳索都已折断，帆也撕得粉碎，桅杆摇摇晃晃地向一边倾倒，赤裸的甲板被狂风吹袭。

## 153. 黑暗中的小提琴

在黑暗中,这小提琴好像发出了一种银光,特别是它那凸出的琴腹被照亮得如此强烈,使得杨科几乎都不敢直视它。在这皎洁的月光中,凹进去的琴腰、琴弦和弯把,所有这一切都看得十分清晰,琴锃亮得就像圣约翰节的萤火虫那样,旁边挂着的琴弓就像一根银条。

## 154. 冬布拉

每当他拿起冬布拉,那一支支曲子就会像一股股山涧的小溪,融融流入人们的心田;又像一群群奔腾的骏马,气势磅礴,令人分外心驰神往。而他的歌声又是多么的迷人啊,听一曲就会让人陶醉流连……这不,人们静静地倾听着,完全被他的歌声所征服,沉浸在这激动人心的古老诗篇里了。只有无声无息的羊油灯火苗,在不住地轻轻跳跃。

## 155. 瑶琴

此琴乃伏羲氏所琢,见五星之精,飞坠梧桐,凤凰来仪。凤乃百鸟之王,非竹实不食,非梧桐不栖,非醴泉不饮。伏羲氏知梧桐乃树中之良材,夺造化之精气,堪为雅乐,令人伐之。其树高三丈三尺,按三十三天之数,截为三段,分天、地、人三才。取上一段叩之,其声太清,以其过轻而废之;取下一段叩之,其声太浊,以其过重而废之,取中一段叩之,其声清浊相济,轻重相兼。送长流水中,浸七十二日,按七十二侯之数。取起阴干,选良时吉日,用高手匠人刘子奇斫成乐器。此乃瑶池之乐，故名瑶琴。

# 156.  文武七弦琴

长三尺六寸一分，按周天三百六十一度。前阔八寸，按八节，后阔四寸，持四时；厚二寸，按两仪。有金童头，玉女腰，仙人背，龙池，凤沼，玉轸，金徽。那徽有十二，按十二月，又有一中徽，持闰月。先是五条弦在上，外按金木水火土，内按五音宫商角徵羽。尧舜时操五弦琴，歌"南风"诗，天下大治。后因周文王被囚于羑里，儿子伯邑考，添弦一根，清幽哀怨，谓之文弦。后武王伐纣，前歌后舞，添弦一根，激烈发扬，谓之武弦。先是宫商角徵羽五弦，后加二弦，称为文武七弦琴。

# 157.  布娃娃

他仔细看看那个布娃娃，她是橡胶做的，穿一身小衣服，面色红润，胖乎乎的，金黄的头发，睫毛又黑又长，还有一对天蓝色的眼睛，只要一摆动，那双眼睛就一眨一眨地动。她那美丽的小嘴，含着微笑，露出两排像小白兔一样的牙齿。

# 158.  瓷猫

它们是名副其实的小猫，只有一个拳头的三分之一大。一只猫一个姿态：有的静坐，有的打滚；有的招手，有的拍球；有的傻站着，有的跷起一条小腿；有的匍匐不前，有的待人去抱。它们毛色不一，颈中都有一朵作为领巾的小花。这样的描叙何其平庸，应该说它们的一切都是活动的，简直就是八个孩子，都有一双带长睫毛的调皮而聪明的眼睛。连那天真稚拙的姿态也像。

## 159. 玩具兔

小兔儿的确做得细致：粉脸是那么光润，眉眼是那么清秀，就是一个七十五岁的老人也没法不像小孩子那样的喜爱它。脸蛋上没有胭脂，而只在小三瓣嘴上画了一条细线，红的，上了油；两个细长白耳朵上淡淡的描着点浅红；这样，小兔儿的脸上就带出一种英俊的样子，倒好像兔儿中的黄天霸似的。它的上身穿着朱红的袍，从腰以下是翠绿的叶与粉红的花，每一个叶子与花瓣都精心的染上鲜明而匀调的彩色，使绿叶红花都闪闪欲动。

## 160. 拨浪鼓

浮现在我眼帘里的，总是一只拨浪鼓，鼓面大约只有铜钱那么大，是杏黄色的，两边各拴着一根红丝绳，绳端是颗透明或半透明的玻璃珠子。鼓槌是比筷子还细的竹棍，攥在手心里只要轻轻那么一摇撼，那两颗珠子便甩动起来，拨浪拨浪地鼓面上敲出细碎响声。拨浪鼓给我带来过无限快乐。它那清脆的声音曾冲破我儿时的孤寂。

## 161. 红豆

我赏玩着这颗红豆。这是很美丽的。全部都有可喜的红色，长成很匀整细巧的心脏形，尖端微微偏左，不太尖，也不太圆。另一端有一条白的小眼睛。这是豆的胚珠在长大时连系在豆荚上的所在。因为有了这标识，这豆才有异于红的宝石或红的玛瑙，而成为蕴藏着生命的酵素的有机体了。

# 162. 雨花石

我的书桌上摆了一盆晶莹的雨花石，数量不多，品类不少，这是好几位朋友送的。由于这几位爱石者的选择标准不同，这十几颗雨花石便显出了它们各自不同的个性。有的明晶如水，有的色泽鲜红，有的有刚劲的线条，有的有柔和的花纹，有的显现出多角形图案，有的点染成绯红、淡紫或墨绿的斑点，有的于透明中又显出多层次的色彩和花纹。

雨花石诸品类中最美的要数玛瑙石。据地质学家们的考查，那都是在一千万年左右的时间里形成的；是由各种颜色的二氧化硅溶液逐渐沉积，再经过流水的长途搬运才慢慢磨圆的。我在雨花石工艺厂里看到过一些剖开的玛瑙石。想不到，一颗小卵石，从里到外，会含有好几层不同的色彩，不同的花纹。每一颗雨花石都各具不同的个性特征。石也如人一样，有的人，心口透明，一眼可以望到心底，有的人深情蕴藉，美在内心。仔细琢磨一下雨花石，它也是那样个性鲜明。

# 163. 阳光中的雨花石

请看这一块，乍看像在薄雾缭绕的山口，有一轮冉冉升起朝阳；再看，又仿佛是暮霭里款款落山的夕阳。那一块，俨然一幅山水风景，近有小桥流水人家，远处则朦朦胧胧，茅屋数椽。还有一块，色泽素雅，朗朗清月悬空，云影飘然浮动，把它倒转来一看，又像是月亮在小溪流中的倒影。在展览中引起轰动的一块黑白相嵌之石，横着如一只大黑狐紧紧追赶着一只小狐；竖看时，它又像是有耳有眼的白须狐仙……真是妙趣横生！江河湖海、日月山川、花鸟鱼虫、琼楼玉宇……一块块微如鹅卵的雨花石，竟能蕴藏大千世界的无穷美景，真所谓"聚天地之灵气，化日月之光华，孕万物之风采，成石中之神品！"

# 164. 蓬莱月牙湾球石

前几年，有朋友从胶东故乡来，带给我一包小石子，说是从蓬莱的月牙湾拣来的。这石子光滑圆润，大多呈白色，像白玉一样晶莹洁白，有的上面有红色和黄色、绿色的花纹，也有一些全身都是紫红色的，或桔黄色、碧绿色的。玲珑剔透，像一堆色彩绚丽的珍珠，煞是好看。

# 165. 玻璃鱼缸

在我家的平柜上，放着一个扁圆形的鱼缸。鱼缸是玻璃制成的，下面有三个圆玻璃球支着，和鱼缸连接在一起。鱼缸高大约二十厘米，最大直径二十五厘米，胖乎乎，圆敦敦，明净无瑕，放进水、鱼、水草以后，真有点水晶宫的味道。

鱼缸里大约有多半缸水，水呈绿色，绿得就像一块无瑕的翡翠。在水的中心是一座珊瑚岛。岛的一半沉入水中，一半在外。岛本是暗红的，但现在也已发绿，成为深绿色的，就像绿色的屏障，危峰兀立，怪石嶙峋。就在这险峻的小岛的半山腰有一个一厘米多高的红色小亭，亭子上面是一个尖顶，四个角微微翘起，亭顶是由四个圆柱形的红棍支起。岛的顶部有一座大约有三、四厘米高的铜塔，衬得山峰更加险峻，真有点巧夺天工了！

茂盛的鱼草，从珊瑚洞中穿出来，将长长的绿叶飘洒开来。在这一片绿色的世界中，加上半山腰中的小亭，真有一点"深山藏古寺"的诗意。

在鱼缸的底部，有几块白色的鹅卵石，静静地躺在那里，显得是那样的安详，那样的惬意。

最引人注目的还是缸中那两条大红金鱼。它们互相追逐着，在珊瑚洞中穿梭着，朝暮不分，形影相随，在这仙境般的世界中，尽情玩乐。那宽大的尾巴，不停地慢慢地扭动着，就像翩翩起舞的少女的衣裙一般。它们自由地游戏着，头顶和背鳍在水面上不时闪动，那圆圆的、亮亮的、玻璃球似的眼睛永远睁着，就像水中的四颗明珠。那两张高傲的大嘴，多会儿也是一张一合，好像有喝不够的水，灌不饱的肚子。它们显得那么悠闲自得。

# 166. 油画

我走进一间明亮的大厅，只见所有的墙上和巨大的架子上都闪耀着画面的鲜明的色彩和画框的金光。最初的印象完全是梦境一般，大型的、轮廓分明的风景画从四面八方出现，起初我都无暇一一细看，这些风景画用神妙的笔法画得风吹动树梢，在我眼前浮动，晚霞闪耀着红光，还有一些儿童的头像、一些可爱的习作出现在这些画中间，这一切又都随着新的画面的出现而消失了，所以我不得不向四下里看一看，方才似乎还看到的那一片壮观的椴树林或者那一片巍峨的高山现在到什么地方去了。此外，画上的新鲜的调色油还散发着一种有礼拜天气息的香味，我觉得，这种香味比天主教堂里的薰香还要好闻。

# 167. 《月夜》油画

我急匆匆地拆下镜框后面的三合板，把垫在里面的衬纸一层层取出。终于，那幅心爱的画，从一张衬纸下面显露出来了。它，就是俄国画家克拉姆斯柯依的代表作之一《月夜》。

久别重逢，画上的一切是那么熟悉，那么亲切；但又那么新鲜，似乎还略带几分陌生。

……皎洁如银的月光，照着一位清秀妩媚的少女。她身着洁白如云的长裙，斜倚在一张木质长椅上；身后是蓊郁、葱笼、静谧、幽深的参天林木；面前横躺着一条小径；越过小径，在一片平静的水面上，星星点点开着几朵白色的睡莲；最能勾起人们心中疑窦的，是少女身边那空着的一席座位，月光格外明亮地照在这个座位上，仿佛有意在引人遐想：那少女正在企盼着的人儿，想必曾经多少次沿着池边小径前来，和少女相依而坐，倾心絮语吧？然而，今夜他为何杳无踪影？……月光如水，洗去了日间的一切尘垢和喧嚣，夜是多么的宁静！然而，那颗纯真的少女的心，却在多么热切地跳动着啊！

# 168. 《蒙娜丽莎》油画

蒙娜丽莎那永恒的微笑，谁不知道呢？……这幅画的面积并不大，宽约一尺，长约二尺，画的是一个实有其人的妇女，佛罗伦萨一个有钱市民的妻子。谁能把一个人物画到如此栩栩如生的地步呢？你似乎可以感到她皮肤有润泽、长发的光滑、两手的柔弱，似乎可以看到她胸部呼吸时微微的起伏，可以听见她衣袍的窸窣作响。这个人物每一细部的线条、色彩、光线、质感都如此逼真，好像她就要从画布上走下来似的。当然，如果这人物画像只具有形貌的高度真实，那还不足以成为传世不休的杰作，使它成为这样一个杰作的，还是蒙娜丽莎那像谜一样的微笑，这笑，像即将开放但尚未完全开放的花蕾一样，浅浅的，淡淡的，正在脸上绽开，说它是笑，似乎为时过早，说它非笑，但笑意已呈，这表情是多么微妙！而且，这笑的内容又是那么丰富复杂，它似乎是温情脉脉，又似乎带有一种诡秘；它似乎是亲切的嘲讽，又似乎含有一种冷酷。它吸引着你，把你钉在她面前端详、品味、猜度、揣摩，然而最后你仍得不出结论，你只感到这表情本身就充满了无穷的韵味，它反映出一个女性内心深处种种纤细、敏感、复杂的感情活动，就像在一个水深千尺的池潭面前，你所能看到的只是幽深莫测的水面一层轻淡的涟漪。还有她那身后的背助长了一种幽深的意境，那里有小路，有小丘，有清溪，有像仙境一样飘渺的远景，这浪漫主义情调十足的美妙的山水，和写实风格的人物肖像巧妙地配合在一起，更能引起人的遐思。

# *169*. 壁画

　　毕加索那些画，我是看不懂的；但这壁画却使我一下接触了毕加索的心灵。我觉得，这是他那翩翩飞舞在全世界人民心中的口衔橄榄枝的和平鸽的延伸与阐发；正面墙壁上，一片大地蓝天背景上，黑、黄、红、白，象征全世界人民的四个人捧着一颗淡黄色太阳，太阳里站着口衔橄榄枝的和平鸽，右壁上画的是"战争"，画上突出三匹黑色战马拉的黑色战车，车上双角的战神，手持鲜血淋淋的刀剑，马蹄践踏着书卷，说明对人类文明的摧残。战车背后是黑色的人群，举刀斧在砍杀，给我印象最深的是下面的给血浸得深红的大地，天空上旋卷着深褐色的滚滚的硝烟，而迎着战争狂流的是一个一手持着画有和平鸽盾牌，一手持着戈矛的捍卫和平的战士。含有深意的是这个战士的背景，是那样明快的蔚蓝天空。左壁上画的是"和平"，惹人注目的是淡绿天空上，一颗色彩斑斓的太阳，用麦穗画出太阳的光炬。一株树上结着鲜黄果实，树荫下绿草地上，母亲在哺乳婴儿。深蓝色大地上，农夫架着带翅膀的马在犁田，两个妇女在舞蹈。别具匠心的是鱼装在鸟笼里，鸟飞翔在鱼缸中，刻画出生活的欢乐。留给尼斯以巨大财富的这壁画，是毕加索于一九五三年画的。毕加索说过："不，绘画并不是绘制出来用以装饰居室的，它是一种斗争，用以反抗兽性的黑暗"。这壁画通俗易懂。他是以画来实践他的诺言的。我深深为毕加索这位大师的丰富的幻想与大胆运用的色彩所感动。

# 170.《炼狱》画

在德·马拉尼亚伯爵夫人的小圣堂里有一幅图画，风格完全是莫拉莱斯那种生硬而干瘪的画笔，画的是炼狱里的痛苦。画家所想得出的各种刑罚，都十分准确地画在上面，使得宗教裁判所里的行刑人也找不出什么破绽来。炼狱的灵魂是在一个很大的洞穴里。洞穴顶上有一个气窗，一个天使在气窗旁边伸手把一个灵魂拉出这个痛苦的地方，天使旁边有一个上了年纪的人，合着掌拿着一串念珠，仿佛在热诚地祈祷。……这幅图画既使他害怕，又吸引着他。他尤其不能把视线从一个男人的身上挪开，这个男人的五脏仿佛被一条蛇咬啮着，肋骨被铁钩吊住，挂在半空中，下面被灸热的炭火烘烤着。这个男人惶恐不安地向气窗那边凝视，似乎在要求那位施主为他祈祷，使他早日脱离这许多痛苦。

# 171.《基督》画

前面有一丛罕见的树木，向空中伸出那些颤巍巍的，展开得象指头瘦削的手掌一般的叶子。向树丛当中望过去，便发现一个不动的人站在海水上边。印象是惊人的。原来画的边缘都藏在活动的绿荫里，所以它象是一个嵌在一片架空泛起的远景上的黑窟窿。要了解，必须好好地去望。画的边缘遮去了水面上那艘小船的一半，船里坐着好些使徒，他们略略受到一只风灯斜射出来的光，其中一个坐在舷边的正把灯光向那个走过来的耶稣照过去。基督提起一只脚压着一个浪头，那浪头是明显地下陷的，退让的，平伏的，从从容容拂着基督那只踏在它身上的脚。基督的四周全是相当阴晦的。只有星光在天上闪烁。船灯被一个使徒拿着去照天神，它的微光拂在使徒们的脸上，使人辨得出那些脸上的肌肉仿佛因为吃惊正在掣动。那真的是一个大师的大气磅礴的和出人意表的作品，是世上那些使人思想动荡而且使人多年梦寐不忘的作品之一。那些望着这幅画的人首先都是静悄悄的，随后出神似地走开了，直到末了才谈论画的价值。

# 172. 国画

那是幅荷花写生。是我的一位老上级赠送的。画面也是这般秀丽，高花大叶，飞红溢翠，实在惹人喜爱。画的右上角题着："出污泥而不染，濯清涟而不妖。"我知道，这话出自宋朝周敦颐的《爱莲说》。

# 173. 水彩画

这几张都是水彩画。第一张画的是：在波涛汹涌的大海上空，乌云低低地翻滚着，远处一片黑暗，前景也是这样，或者不如说最前面的巨浪也是这样，因为没有陆地。一线亮光把半沉的桅杆衬托出来。桅杆上栖息着一只鸬鹚，又大又黑，羽翼上溅着点点浪花。它嘴里衔着一只镶宝石的金镯。这我尽可能用我调色板上最鲜明的颜色来画，而且尽我画笔可能画得闪烁而清楚。碧波中隐隐约约可以看见一具淹死的尸体正在鸟儿和桅杆下面往下沉。一条美丽的胳臂是唯一看得清楚的肢体，金镯就是从那儿给水冲走或给鸟儿啄了来的。

# 174. 裸画

这幅画上画的是一个裸体女人，全身涂着污糟糟的红色，仿佛给剥掉了皮似的。嘴扁在一边，根本没有鼻子，可是在鼻子的那个地方，却画着一个三角形的窟窿，头是方形的，上面贴着一块破布———块真的布。两条腿活像两根钉着铰链的木头。一只手里拿着一枝花。其余的各个部分，可真是怕人了。最叫人害怕的部分，是她张开腿坐在那里的那个角落——那儿涂的是一片黟沉的褐色。这幅画的题名是"爱"。卡嘉管它叫做现代的维纳斯。

# 175. 景物画

第三张画，画的是一座冰山的尖顶，高耸在北极冬日的天空。一束北极光沿着地平线密集地竖起朦胧的长矛。把这些远远抛在后面的是，在前景升起的一个头———一个巨大的头，朝冰山低着，靠在冰山上面。两只瘦瘦的手结合在一起支着额头，把脸下半部前面的黑面纱拉了起来。额头没有血色，白得像骨头一样。只看得见一只凹陷的一动不动的眼睛，除了绝望的呆滞外，毫无其他表情。在两鬓上面，缠绕着的黑布头巾的褶裥间，有一圈云雾般模糊的白色火焰在闪闪发光，上面还镶嵌着一个更为鲜艳的火花。这个淡淡的新月是"王冠的写照"；载王冠的是"无形的形体"。

# 176. 画像

穿过一间嵌着深色镶花板壁的小餐厅，司忒潘·阿卡谛耶维奇和列文踏着柔软的地毯走进半明半暗的书房里，房间被一盏罩着暗色大灯罩的灯照耀着。安装在墙壁上的另外一盏反光灯照亮了一幅女人的全身大画像，引得列文不由自主地注目起来。这是安娜的画像，是在意大利时米哈罗夫画的。……列文定睛凝视着那幅画像，它在灿烂的光辉下好象要从画框中跃跃欲出，他怎样也舍不得离开。他甚至遗忘了他在哪里，也没有听见在谈论些什么，只是一个劲儿目不转睛地凝视着这幅美妙得惊人的画像。这不是画像，而是一个活生生的妩媚动人的女人，她长着乌黑卷发，袒肩露臂，长着柔软的汗毛的嘴角上含着沉思得出了神的似笑非笑的笑意，用一双使他心花缭乱的眼睛得意而温柔地凝视着他。她不是活的，仅仅是由于她比活着的女人所能有的美丽更美。

# 177. 照片

翻开我的影集，扉页上一张醒目的三寸照片，一个七八岁的小女孩，大大的脑袋上两根耗子尾巴似的小辫翘得很高，圆圆的脸上嵌着一双黑水晶似的大眼睛，小嘴唇紧紧地抿着，瞧那样子蛮神气哩——这就是童年的我。

# 178. 刻纸

好客的尧宝师傅从里屋捧出一大叠作品——泉州民间刻纸。我连声叫好，一张张地端详着。

我看到花鸟图案里，佳木奇树，枝梗转折，形影欹斜。密叶间以疏枝，就连风枝露叶的神采也表现出来了。

我看到用"白描"手法写生的花卉，向阳舒笑，仪态绰约，苞萼相连，弄雨含烟，多么富有生意啊！就连香的气采也传达出来了。

"双狮戏球"里的狮子，摇头摆尾，仪态庄重而又灵巧。群兽之王，好个慑服凶顽的气势，那只绣球好像刚刚站稳，又开始滚动起来。由于彩带的飘扬缠绕，读画的人也神动色飞起来。"双龙抢珠"里的两只龙，蟠曲自然，首尾呼应，雄奇奔放。行云，朵云，团云的簇拥，烘托出"抢"的气氛，我仿佛见到了刻刀的运行，听到了线条的节拍。

幅幅刻纸都是一首清亮的民歌，淳风感人，意味隽永。

# *179.* 食品饮料

纽约实在老气横秋，色调阴沉，好像每只角落都能看到阴谋。我想，这种空气笼罩在人们的头上总有点不妙。但是，美国的人民似乎善于用自己的力量来抵制这种压抑。这种力量首先感染我的地方，是在餐桌上，我没有想到他们要创造那么多的色彩来提高人们对食物的兴趣。例如说吧，光是饮料：汽水是无色的，橘子水是橙黄的，葡萄汁是暗红的，咖啡是棕黑的，可口可乐是褐色的，牛奶是乳白色的……一盘色拉，好像为了表示色彩才故意用生菜拌成，白、绿、青、红、黄齐全，更有那成碎块的水果，有棕红色的苹果，白里泛黄的甜瓜，血滴鲜红的樱桃，紫中带青的葡萄……好像都不是以味道惹人，而是各以其色令人垂涎。我虽然吃不惯，倒确实被迷住了。我从没有想到多种色彩能有这样的效果。我认为它有力量冲淡那阴霾的空气。

# 180. 石榴

前几天，妈妈给我和妹妹一人一个大石榴。

石榴，它的外表并不好看。它没有苹果那样红润光滑的外表，使人一望而产生羡慕之心；也没有菠萝那种诱人的香气，让人闻了不由得馋涎欲滴。它只有一层粗糙的黄皮，土里土气的。在它的上面还有一个裂口，像咧着嘴在傻笑。开始，我不知道这是怎么回事。后来，妈妈告诉我：那是开花的地方，慢慢的，花落了。石榴渐渐长大了，最后，就成了现在这个样子。我把石榴打开一看，啊！里面全是跟水晶珠子似的非常美丽的籽儿。它们挤得紧紧的，长得满满的，好看极了。那粒粒的籽儿吃在嘴里，甜甜的、酸酸的，真有味儿！我和妹妹都很喜欢吃。妈妈对我们说："你们不要只看到它籽儿好看，又好吃。它那土里土气的外皮，还是专门治拉肚子的一味中药呢！"吃着石榴，听着妈妈的话，我懂得了一个道理：做人，不要做一个看上去外表很美，而肚子里空空的人，要做一个有用的人，像石榴一样做一个实实在在的人。

# 181. 锄头

那锄杠磨的两头粗，中间细，你就是专意用油漆，也漆不成这么光滑。那锄板使秃了，薄薄的，小小的，像一把铲子，又像一把韭菜刀子。主人用它付了多少辛苦，流了多少汗水呀！

# 182. 铁锹

这个近五十岁的人，弯着水蛇腰。他搁的镢头和铁锹，也是很滑稽的。方形的铁锹，底边变成了圆形，磨掉了三分之一；鐝头几乎磨掉了将近一半，剩下来的像个老女人的小脚。鐝头和铁锹的木柄，也被他的手磨得凹凸不平了。

# 183. 古船

这只船被打扮得跟任何一个颈脖上挂着沉甸甸地光亮的象牙垂饰的、野蛮的埃塞俄比亚王一模一样。这只船真是一件古罗马的战胜纪念品。这是一种吃人生番似的、用它猎逐到的敌人的骸骨来打扮它自己的船只。它那没装嵌板的、开旷的舷墙四周都被装饰得像一个栉比连绵的牙床，用长而尖的抹香鲸齿嵌在那里当作缚住它那些旧麻绳的栓子。这些筋肋并不是低劣的山木被摩擦出来的，而是经过洪涛细浪冲击出来的。它在威风凛凛的船舵上装有一只旋轮，显赫地露出一只舵柄来，那只舵柄却是用它那宿敌的整块狭长的下巴骨精工镂刻出来的。那个在暴风雨中掌着舵柄的舵手，就像一个鞑靼王扣着马下巴勒住他那匹暴躁的骏马。它虽然是一只高贵的船，却不知怎地，又有一股非常忧郁的气象！凡是高贵的东西都不免有那种气象。

# 184. 塑像

这些古物所遭到的鄙视、凌辱使我吃惊：这是猫神伯斯特的像，它的尾巴被弄断，两只耳朵不见了……，那是乃法尔蒂蒂的头像，它的鼻子被锯掉，两眼被剜除……，狮身人面像的脑袋被打破，脊梁也被打断……，我最心爱的雕塑像——拉美西斯第二的遭遇更是不幸……，我.拿着它翻来覆去地看，它的四肢已被打断，满身是伤疤，这些伤疤就像小儿患麻疹或天花后留在身上的小泡似的，孩子们用小

刀在伤疤四周又刻些弯弯道道……，它已经面目全非了。

# 185. 圣克里蒙的塑像

这时候，差不多只有于连一人，被挤得贴在镀金的门上，从一个少女赤裸的胳臂之上，看见了圣克里蒙的美丽的塑像。这塑像在祭台的帷里藏着，穿着罗马少年军人的服装，颈上有一道宽的伤痕，好像血从那里流出的样子。艺术家完成了空前的创作，看他临死时半闭的眼睛，充满了温柔优雅的表情。他有很神气的短须，衬托出一张秀美的嘴，嘴半闭着，好象还在祈祷。

# 186. 石雕仙鹤群

南郊公园蘑菇亭下有一条小河。清清的河水潺潺地流着。在阳光的照耀下，河面闪烁着点点金光。河中心有一只用岩石堆砌成的石龟。石龟身上站着五只雪一样白的石雕仙鹤。它们都有长长的腿，又细又长的脖子，小小的眼睛下面是一张尖尖的嘴，真是可爱极了。这五只仙鹤中最高的一只昂着头，似乎望着蔚蓝的天空中飘过的朵朵白云，静静地凝思着什么，又似乎在邀请从南方归来的燕子给大伙儿介绍旅途见闻。右边的一只仿佛遥望远处水里隐约可见的小鱼，准备迅速地飞过去把小鱼叼起。在它身旁的一只仙鹤正把河水当作一面镜子，专心致志地打扮着自己，好像要与岸上的桃花和翠柳比美。左边的一只伸长着脖子，好像在全神贯注地俯视着小河里的鱼群。瞧！最前面的一只昂首挺立，威风凛凛，多么神气啊！这五只仙鹤姿态不一，个个形象逼真，深深地吸引着游客。我真想多看它几眼呢！

# *187.* 维纳斯像

这的确是一尊维纳斯像，美丽得不可思议。她的上半身裸露，古代人塑造的伟大天神总是这个样子的，右手举到胸前，掌心向里，拇指和食指、中指伸直，最末的两个手指微曲。另一只手接近腰部，挽住遮盖着下身的衣衫。这尊雕像的姿势使人想起猜拳者的姿势，我不知道为什么，人家管这种猜拳者叫热马尼居斯。也许这尊雕像是在表现女神正在玩猜拳游戏吧。不管怎样，比这尊维纳斯的躯体更完美的是找不到的，她的轮廓柔和，诱人，无与伦比，她的衣衫时髦，高贵，无可比拟。我原来以为是东罗马帝国时代的作品，其实是我看到了雕像最盛时期的一件杰作。最使我惊异的，是形体非常细致真实，简直使人以为是按照真人模拟的，如果大自然真有这么完善的模特儿的话。她的头发向额上梳拢，当初似乎曾镀过黄金。她的头小巧玲珑，同几乎所有的希腊雕像一样，微微向前倾。至于她面貌那种奇特的表情是我所无法描写的，它的类型也同我能想起的任何古代雕像的脸型不同。它的美不是静止和严肃的美，像希腊雕刻家们有意要使所有的线条都带上一种庄重的静止一样。这个雕像恰恰相反，我惊异地发觉雕刻家显然有意地在雕像的脸上刻画出一种凶恶的狡黠。所有线条都稍稍蹙皱，眼睛略斜，嘴角微翘，鼻翼稍稍鼓起。这个美丽得使人难以置信的脸庞，却流露出轻蔑、嘲讽和残暴。说真的，我们越是注视这尊令人赞叹的雕像，便越被这超凡入圣的美貌吸引，居然会没有感觉到不舒服。

# *188.* 苏州刺绣

这是一个远近闻名的"苏州刺绣"。

刺绣被夹在两块圆形玻璃中间。

布中央是一只肥胖的老猫，左右各三根长长花白的胡须，黄白相间的毛发细而密，柔软又光泽，背微微弓起，好像很疲倦的样子，然而两耳却警觉地竖起来，原来它发现了一只螳螂（而不是同伴），这样的结果似乎令它失望。它耷拉着眼皮，目光不在意地忽视着眼前这个手舞足蹈的绿色家伙，青绿色的双眸中透露出岁月的沧桑，螳螂的出现并没有引起它多大的兴趣，也没能弥补它心中的空虚。它摇摇尾巴，准备离开。

# 189. 刑具

这队囚犯的末尾一人三十岁左右，相貌很好，只是两眼斗鸡。他的枷锁和别人的不同：脚上拖着一条很长的铁链，缠住全身，脖子上套着两个铁圈，一个圈扣在铁链上，另一个圈是所谓护身枷或叉形护身枷上的。这个铁圈底下有两条铁棍，齐腰装一副手铐，把两手套住，再用大锁锁上。这就使他不能把手举到嘴边，也不能把脑袋低到手边。

# 190. 断头台

断头台，的确，当它被架了起来，屹立在那里的时候，是具有一种眩惑人的能力的，……所有的社会问题都在那把板斧的四周举起了它们的问号。断头台不是想象。断头台不是一个架子。断头台不是一种机器。断头台不是由木条、铁器和绳索所构成的无生气的机械。它好像是一种生物，具有一种说不出的阴森森的主动能力。我们可以说那架子能看见，那座机器能听见，那种机械能了解，那些木条铁件和绳索具有意识。当它的出现把我们的心灵抛入那种凶恶的梦想的时候，那断头台就显得怪可怕，并和它所作所为的一切结合在一起了。断头台是刽子手的同伙，它在吞噬东西，在吃肉，在饮血。断头台是法官和木工合造的怪物，是一种凭着自己所制造的死亡为生命而活动着的鬼怪。

# 191. 山岩

别俱一格的还有那些石头……有的石头像莲花瓣，有的像大象头，有的像老人，有的像卧虎，有的错落成桥，有的兀立如柱，有的侧身探海，有的怒目相向，有的什么也不像，黑乎乎的，一动不动，堵住你的去路。

# 192. 岩石

一座隆起的岩石，上面长着矮树，变得毛茸茸的；岩石脚下被阿伏纳河河水冲坏，这样一个位置使它有几分像一只巨大的乌龟横卧水面，又像一座拱桥，从底下可以望见一段明丽如镜的河水。阿伏纳河在这儿仿佛睡着了，尽头远远有飞瀑倒泻于巨石之间；石上有几株矮小的杨柳，受水力激荡，经常东摇西摆，活像一些弹簧。

# 193. 山岩峭壁

不多一会，他就走到一片开阔的草地，草地的对面，在一个缓坡上耸立着一块岩石，过路的人一眼就能看到因风雨而剥落的灰色石壁。岩石的两边有些地方给爬山虎覆盖住，还有些地方长着橡树和冬青，树根盘生在岩石的空隙中，从那里吸取着养分。这些树木摇曳在这块峭壁上，酷似战士钢盔上的翎毛，给那副严峻可怕的山岩峭壁增添了几分风韵。

# 194．火山浮石

但悬崖下边，地势崎岖不平，上面累积得很好看，堆着许多火山喷出的大块石头和巨大的火山浮石。所有这些大堆石头分解了，受地下火的力量，上面浮起一层光滑的珐琅质，一经探照灯的照射，发出辉煌的光彩。岸上云母石的微粒，在我们步行时掀扬起来，像一阵火花的浓云一般飞走。

# 195．黑色的石头

在所有这些多彩多姿的岩石当中，我们最感兴趣的是一种深褐色或黑色的石头。对着阳光看，它们好像涂了一层蜡那么油润光亮。我用手摸一摸，发现它的表面光滑而坚硬，有如瓷器。我们不时走到一大片一大片有这类岩石的地方。如果周围的岩石是黑色的，我们就好像被围在一大堆发亮的无烟煤里。我好奇地捡起一块岩石来察看。它很像陨石，但没有陨石那么重。我手中握着的只不过是地面上的一块普通石头。但它差不多与外太空落下的陨石一样令人兴奋，并具有神秘感。

# 196．山脉

海拔两千米以上的北琏山脉屏立城北，龙走蛇舞，山光映雪，俨然是一幅色调庄重的版画。城南的山峰则错落层叠，林木繁密，互相争奇斗胜，活像是一幅雄浑壮丽的水墨画。伊瑟尔山在它们中间，但是你还看不到它，因为城市的建筑把视线挡住了。

## 197. 山峰

两岸的山峰变化成各种有趣的姿态；有时像飘洒的仙女，有时像持杖的老翁，有时像献桃的猿猴，有时像脱缰的野马……在这初春早晨的薄霭轻雾中，若隐若现，时远时近。

## 198. 山岩

别成一格的还有那些石头……有的石头像莲花瓣，有的像大象头，有的像老人，有的像卧虎，有的错落成桥，有的兀立如柱，有的侧身探海，有的怒目相向，有的什么也不像，黑乎乎的，一动不动，堵住你的去路。

## 199. 长着矮树的岩石

一座隆起的岩石，上面长着矮树，变得毛茸茸的；岩石脚下被阿伏纳河河水冲坏，这样一个位置使它有几分像一只巨大的乌龟横卧水面，又像一座拱桥，从底下可以望见一段明丽如镜的河水。阿伏纳河在这儿仿佛睡着了，尽头远远有飞瀑倒泻于巨石之间；石上有几株矮小的杨柳，受水力激荡，经常东摇西摆，活像一些弹簧。

## 200. 守卫着隘口的岩石

这一大堆岩石守卫着一个隘口似的地方，……再过去一点，山已

经抖掉了草地和花朵，只剩下石楠做衣服，巉岩作宝石——那儿，山把荒芜渲染成了蛮荒，把娇艳换成了严峻——那儿，山守护着孤独的残余希望和寂静的最后藏身处。

# 201. 耸立的岩石

不多一会，他就走到一片开阔的草地，草地的对面，在一个缓坡上耸立着一块岩石，过路的人一眼就能看到因风雨而剥落的灰色石壁。岩石的两边有些地方给爬山虎覆盖住，还有些地方长着橡树和冬青，树根盘生在岩石的空隙中，从那里吸取着养分。这些树木摇曳在这块峭壁上，酷似战士钢盔上的翎毛，给那副严峻可怕的山岩峭壁增添了几分风韵。

# 202. 深褐色的岩石

在所有这些多彩多姿的岩石当中，我们最感兴趣的是一种深褐色或黑色的石头。对着阳光看，它们好像涂了一层蜡那么油润光亮。我用手摸一摸，发现它的表面光滑而坚硬，有如瓷器。我们不时走到一大片一大片有这类岩石的地方。如果周围的岩石是黑色的，我们就好像被围在一大堆发亮的无烟煤里。我好奇地捡起一块岩石来察看。它很像陨石，但没有陨石那么重。我手中握着的只不过是地面上的一块普通石头。但它差不多与外太空落下的陨石一样令人兴奋，并具有神秘感。

# 203. 山谷

守在车窗边，你时时感到你是一只苍鹰在高空展翅飞翔呢！这时，天空上一抹红霞和黑色云朵，渐渐融成一片，和远山混合一起，最后一线光亮给云朵镶上银色的边，而这也一瞬即逝了，山谷与天空都黑沉沉的了。我们不断地从许多大瀑布前经过，衬着暗夜背景，瀑布像一条从高空倒垂下来的白布。山谷中这里那里闪着点点灯火。

## 204. 两山对峙的长谷

这是一个两山对峙的长谷，中间一条清水石涧，流泉碰在石上，淙淙作响，点滴都留在地上，并不曾流出山去。涧两岸高大的松柏树，挡住了当顶的日光，这谷里阴森森地，水都映成淡绿色。

## 205. 堆满乱石的山谷

举目四望，世界是绿色的。竹子、铁杉、青冈、鹅掌楸、黑松林……浓浓淡淡的绿，覆盖了逶迤起伏的群山，风一吹，林涛四起，像群山深深的呼吸，给人一种神秘幽远的感觉。最使人着迷的，是那条从高高的山坳中奔流而下的溪涧，山泉澄澈得如同有了生命的水晶，喧哗着，打着漩涡，吐着白沫，蜿蜒流泻在堆满乱石的山谷里。

## 206. 芙仑谷

芙仑谷的里面，土壤肥得出油，地气暖得发酵，又当着夏季的时光，在万物孳孕发育的嘶嘶声音之下，草木的液汁都喷涌得几乎听得出声音来；在这种情形里，即便是飘忽轻渺的恋爱，也都不得不变成缠绵热烈的深情。所以本来就一个有心，一个有意的人，现在更被周围的景物熏染得如痴如醉了。

## 207. 乌云密布的山谷

　　天空乌云密布，十分阴沉，与午饭后的晴朗相比，大不一样。雨不住地下着，却丝毫不去惊扰山谷的静谧。雨声和溪水声交融在一起，而画眉那婉转的曲调在湿润的空气里回荡，与前面两者非常协调。我一路走去，身子擦过杜鹃往下淅沥滴水的花朵。杜鹃花沿着小径的边沿生长，成簇成团。小水滴从浸透了的花瓣里落在我手上。我的脚边也有不少花瓣，因浸泡多时已开始变色，可芳泽犹存，甚至变得更浓郁，同时却又不免带点陈腐。此外，还有多年苔藓的清香。泥土的苦涩味、羊齿梗和扭曲入地的树根的气息。我紧紧抓住迈克西姆的手，不敢出声。幸福谷的魔力把我整个儿摄住了。

## 208. 山顶

　　岭顶，高高的白桦树和笔直的落叶松生得那么茂密，阳光从林顶洒下来，像从密致的篦齿里透过来一般，落叶松立刻迸出来金子的光辉，白桦树则摇曳着银光。森林里是寂静的，现在没有风，也没有鸟鸣。这里也没有什么杂树，只有白桦的银光，使松林的一片金海中泛起千堆万叠的浪花。站在岭顶上面，好像离天近了，落叶松的梢尖横扫着天空。其实内兴安岭并不高，几个大林区平均海拔只有一千三百米，最高的也才海拔一千七百四十九米。只有这里千重万岭重岭，波澜起伏，最高的依里喀德峰在人们的眼中突然间集结了一个九级浪，觉得没有什么比它再高的了。

# 209. 山间

我到这儿的时候，正是微雨之后的正午，天突然晴朗了，四周抱满绿衣的山峰，都呈着浴后一般的清新。空气里到处浮荡着野草嫩枝的香味。溪水响着潺潺的声音，流到远处，便化入石山静寂的怀里。山峰上树木葱茏青翠，呈现一派盎然的生机。

# 210. 山壁

一片明媚的阳光照着苍绿的峭壁。峭壁上生着有趣的小草，有的开着金黄的小花，有的却是深红和浅红的杜鹃。在一块悬崖上，一块巨石俯瞰奔流，似乎随时就会从半空中扑下来。从这块大石上边垂下来几条葛藤，绿叶间挂着一串串紫花。岩石的上边长着一株低矮的马尾松，枝干拗曲。

# 211. 悬崖

马行到一个陡峭的悬崖前，再不走了。勒住了马望下去，天哪！万丈深渊，黑洞洞的，什么看不见，只有像是雾一样的水气在里面流动！

# 212. 断崖

过了东埔吊桥，便接上玉里古道，走不到多久，便到父子断崖；这是这条路上二个大断崖之一，也许是濒临河崖，山石松软，常被激流冲蚀，因而形成断崖；一边是峭壁，高不可攀，一边是悬崖，深不见底，巉岩突兀，流砾崩石，惊险万分。

# 213. 钟乳石

没有人知道流经尼加耶克山洞的河是从哪里开始的。山的那边每经一场大雨之后，河水便增加起来，也便呈现淡薄的乳色。通常河水总是非常清澈的。在洞里一处较为宽广、河水形成小湖的地方，一根沉在三十英尺水底的铝勺都可以看得清清楚楚。我们好几次渡过为水侵蚀的石所环绕的湖，那些由神工鬼斧所雕出来的石，形状不一而足，有的像人的脸孔，有的像一座教堂，有的像这一种或那一种的动物，多少世纪来就是那样，不动也不变。钟乳石都像下垂的水柱，都像在溶解之中，每一根都悬着一大水点。无论手电筒照射到哪个角落，我们都可以看到一种奇境：如镜的水面所反映出来的山洞的倒影。但有时当我们正在注视时，一滴从钟乳石尖坠下来的水却把画面搅乱了。所有我们周遭的水雕石和钟乳石都是在悠悠岁月中形成的，使我们想起了东方人关于永恒的观念。这种观念包含在这句话中："一片轻纱每一年向喜马拉雅山撞击一次，直到后者倒下粉碎的时候。"

# 214. 石林

离昆明东南一百多公里的路南石林，是世界闻名的最典型的喀斯特地区之一。奇峰平地怒拔，怪石嶙峋，气象万千。……石林的面目，往往因观赏位置的不同，昼夜晴雨的交替，晓霞暮霭的变幻而有所变化。从整体看，有时像一幢幢古代城堡，巍然不动；有时如万千铁骑，披甲待发，有时像十级火箭，即将冲天而去；有时又像刀丛剑林，锋芒毕露。从个别看，有的如巨塔，上尖下大；有的如巨伞，顶大身小；有的如恐龙直立，张牙舞爪；有的如长颈之鹿，窥察动静；有的像将军在指挥进攻目标；有的像老人在训斥儿孙；几乎每个石峰都有不同的来历和传说，这就赋予了各个石峰以性格，给游客以浮想联翩。

# 215. 奇峰

（戴宗、李逵）两个又离了县治，投东而行。果然行不到五里，早望见那座仙山，委实秀丽。但见：青山削翠，碧岫堆云。两崖分虎踞龙盘，四面有猿啼鹤唳。朝看云封山顶，暮观日挂林梢。流水潺漫，涧内声声鸣玉珮；飞泉瀑布，洞中隐隐奏瑶琴。若非道侣修行，定有仙翁炼药。

这些尖峰，这些突出的石堆，这些悬空的穴洞就不时不时的顺着太阳的行程和气候的幻化而轮流的发出光辉，染上黄金的颜色，变成紫色，深浅的红色或暗灰色。这些高峰露出一种不断变化的景象，仿佛鸽子颈项上的虹条似的。

# 216. 高山

抬头一看，顺着漓江的右面耸立着一座高山，这山拔地参天，直上青云，仰头一看，差点把帽子都甩掉了。只见山这边，断崖削壁，好像有谁用巨斧砍去了一半，直上直下，险峻立陡。云朵在它的脸上游动，苍鹰在它的腰间盘旋。向下一看，江面竹筏上垂钓的渔人，只剩下一星墨点。

# 217. 雪山

进入天山，戈壁滩上的炎暑就远远地被撇在后边，迎面送来的雪山寒气，立刻会使你感到像秋天似的凉爽。蓝天衬着高矗的巨大的雪峰，在太阳下，几块白云在雪峰间投下云影，就像白缎上绣上了几朵银灰的暗花。那融化的雪水，从高悬的山涧，从峭壁断崖上飞泻下来，像千百条闪耀的银链。这飞泻下来的雪水，在山脚汇成冲激的溪流，浪花往上抛，形成千万朵盛开的白莲。

# 218. 火山

巨大而巍峨的阿贡山，它的峰顶和其它的火山一样，是一个带着锯齿式的圆形喷火口。现在每天还在少量地喷着。我们绕到它附近的时候，虽然是密封的机舱，还是渗入了呛人的硫磺味道。喷火口，像一个硕大无朋的香炉，缕缕白烟，从里面冉冉上升。整个火山附近，万木皆枯，呈现着一片灰黑的颜色。阿贡在印尼文中是巨大的意思。阿贡山，是这一带最高的山峰。它的周围群峰起伏。现在，一切面向着它的峰峦上的生物，都被当时喷射出的几千度高温的熔岩灼成灰烬。除了灰黑色的火山灰之外，什么也看不见。这些峰峦的背面，则留下了森林的枯骸。岩浆流过的旧道，现在是一条条枯沟。几个月前人们居住的村落，千百年来人们耕种的万顷良田，都被千百亿吨灼热的火山灰湮没了。据说，当火山爆发的时候，十公里内的热浪，高达摄氏五百度。火山灰远扬到一千公里外的首都雅加达。巴厘岛的省会邓巴莎，距火山五十公里，每天街道上要落下盈尺的火山灰。就像北方落雪一样，人们出门要打伞穿雨衣。

# 219. 沙山

次日上午和关山月、黎雄才两位同游月牙泉。这儿四周全是沙山，每座沙山像一座埃及金字塔，阳光从山的尖顶起照出阴阳两面，黑白分明，风吹得山的棱线像刀裁的一样齐崭而又弯转曲折，构成一幅沙漠图案。据说山上流沙，飒飒作响，入夜声达敦煌城内，有如丝弦鸣奏，故最高一山名鸣沙山。山那面就是敦煌洞窟，山这面群峰环抱着一个碧绿的小湖，形似一钩弯月，泉水不断向水面浮出泡沫，水清澈底，一群群小鱼在人影一晃时便飞速翔入墨蓝水藻。在净琉璃般湖面上，映着黄沙山的倒影，真是幽美。站在这里环顾一切，不能不惊叹造化的无穷魔力。我们一步一陷踏着流沙，爬上一个沙山岭角坐下来。

# 220. 天山

那清峻的远山，就跟天穹粘连在一起，雪冠镶了一道银边，宁静肃穆，格调脱俗，这就是与别处最大不同之点；那近处的山坡，一溜向上，好像有一只神奇的手抹过，不见半点凹凸，一直伸探到那深不可测的林间……怪不得天山之间、赛里木湖上有这么多神话传说，情由景出，神自境来，再冷峻的头脑来到这儿也会生出奇幻的想象。

# 221. 殿阁

这天上有三十三座天宫广……一宫宫脊吞金稳兽，又有七十二重宝殿，……一殿殿柱列玉麟鳞。寿星台上，有千千年不谢的名花，炼药炉边，有万万载常青的瑞草。又至那朝圣楼前，绛纱衣，星辰灿烂，芙蓉冠，金壁辉煌。玉簪珠履，紫绶金章。金钟撞动，三曹神表进丹墀，天鼓鸣时，万圣朝王参玉帝。又至那灵霄宝殿，金钉攒玉户，彩凤舞朱门。复道回廊，处处玲珑剔透，三檐四簇，层层龙凤翱翔。上面有个紫巍巍，明幌幌，圆丢丢，亮灼灼的大金葫芦顶，下面有天妃悬掌扇，玉女捧仙巾。恶狠狠，掌朝的天将，气昂昂，护驾的仙卿。正中间，琉璃盘内，放许多重重迭迭太乙丹，玛瑙瓶中，插几枝弯弯曲曲珊瑚树。正是天宫异物般般有，世上如他件件无。

# 222. 人力车

这么大的人，拉上那么美的车，他自己的车，弓子软得颤悠颤悠的，连车把都微微的动弹，车箱是那么亮，垫子是那么白，喇叭是那么响，……拉过了半年来的，仿佛处处都有了知觉与感情，祥子的一扭腰，一蹲腿，或一直脊背，它都就马上应合着，给祥子以最顺心的帮助，他与它之间没有一点隔膜别扭的地方。赶到遇上地平人少的地方，祥子可以用一只手拢着把，微微轻响的皮轮象阵利飕的小风似的催着他跑，飞快，而乎稳。

# 223. 汽车

这辆车久历风尘，该庆古稀高寿，可是抗战时期，未便退休。机器是没有脾气脾性的，而这辆车倚老卖老，修炼成桀骜不驯、怪僻难测的性格，有时标劲像大官僚，有时别扭像小女郎，汽车夫那些粗人休想驾驭了解。它开动之际，前头咳嗽，后面泄气，于是掀身一跳，跳得乘客东倒西撞，齐声叫唤，孙小姐从座位上滑下来，鸿渐碰痛了头，辛楣差一点向后跌在那女人身上。这车声威大震，一口气走了一二十里，忽然要休息了，汽车夫强迫它继续前进。如是者四五次，这车觉悟今天不是逍遥散步，可以随意流连，原来真得走路，前面路还走不完呢！它生气不肯走了，汽车夫只好下车，向车头疏通了好一会，在路旁拾了一团烂泥，请它享用，它喝了酒似的，欹斜摇摆地缓行着。

## 224．马车

不幸，玛塞尔所雇的这一辆（马车），更是完全本地制造的，古董收藏家都会用尊敬的眼光来欣赏的。它又长又矮，好象一口棺材，没有一点儿弹簧来缓和它的震动。车轮和车篷一般高，可以和交织在附近道路上的一条条泥坑（磨工为保持本地的面子把那些泥坑叫做大车的车辙）较量一番。就是叫做车篷的，也不过是用柳条编织成的，夹层当中填上些兽毛和粘土一类的东西，车子的震动，只要稍微厉害一点，一块块的泥土便会掉在旅客的头上。

## 225．半篷马车

那儿什么样的半篷马车和载货车没有啊！一辆后身宽，前身窄，另外一辆后身窄，前身宽。一辆又是半篷马车，又是载货马车，另外一辆既不是半篷马车，也不是载货马车，这辆象一大堆稻草或是一个肥胖的老板娘，那辆象头发蓬乱的犹太人或是尚未完全脱掉皮肉的骷髅，这辆从侧面看来，完全象一只附有烟嘴的烟斗，那辆什么都不象，却是一个荒诞无稽的畸形怪物。在这一大堆车轮和驭者台中间，耸出一辆有着室内窗似的窗户并且交叉地钉着粗窗棂的类似轿车的马车。

# 226. 蒸气列车

一列货车，在山谷里极远的地方划开了那些石堆和从山上延伸下来的青葱树林，象一条红毛虫向斜坡上爬：车轮迅速地转动着辐条，于是带着四四方方黑车门的小立方体就清楚地现出来。蒸气象一股股火焰从烟囱中冒出，好久不曾消失，然后象一团团淡红的浮云远远飘敞开。

# 227. 篷车

这部篷车，也就是说这部有四个轮子的小屋，走了许多的路程，可是从来没离开英格兰和苏格兰，车子上有一根狼拉车用的车辕和人用的一根横木。横木是在遇到坏路的时候用的。车子虽然是用薄木板做的，好像一架鸽子棚，可是很结实。前面有一扇玻璃门，还有一个小阳台，阳台好象一座小讲台，这是演说用的。后面有一扇格子门，下面有铰链，门后钉了三级踏板，打开门就可以从踏板上走进小屋里去，晚上把门闩好，再用锁锁上。雨和雪落在车上，年深日久，车上的漆已经看不出什么颜色了，季节的变换，对篷车来说，跟大臣遇到改朝换代一样。

# 228. 西瓜

一块块叶蔓茂密的瓜田里，满地都是圆滚翠绿颜色的西瓜。这些西瓜都是清一色的"手巾条"花纹，每个十斤重左右。它们整整齐齐地排列在瓜畦上，好像一个个年轻的妈妈，在比赛着自己独生子女的肥胖。

# 229. "蜜罐"的西瓜

这种名叫"蜜罐"的西瓜，皮薄肉脆，全都是红沙瓤，一刀子切下去，只听见格格嚓嚓乱响，浓甜的汁水就顺着刀子流出来。这种汁水像蜂蜜一样稠得能扯起丝来。由于含糖量高，即使有脆裂开的裂缝，也能被里边的浓汁粘合起来。

# 230. 银瓜

麦子黄梢，夏日来临，瓜要熟了。满园枕头般大的银瓜，由青变白，顶心吐黄，从碧翠的叶缝，袒露出丰满的笑脸，散发着沁人肺腑的清香。温和的南风，载着这浓郁的瓜香，飘向河谷，飘向河那边的村庄，抛洒进人们的心脾，勾活多少人吃瓜的欲望。

# 231. 甜瓜

他的香瓜匀溜个儿。滴溜儿圆，白的玉白，黄的金黄，摘下来带片绿叶，更显得好看。从河边挑来两筲儿，蹲在绿柳浓荫下，香瓜浸入水筲里，一个时辰捞上来，撕一片苇劈儿，轻轻划上一道，瓜分两半，甜脆爽口，蜜汁元汤，喝下去沁人心脾。他的面瓜，皮薄、肉厚、大肚囊儿，掰开来白籽红瓤，一篓蜜；有花面鬼脸的，有傻头傻脑的，一个个憨态可掬，逗人喜爱。

# 232. 绿瓤甜瓜

我要说的叫绿瓤甜瓜，属于香瓜一类。香瓜一类跟西瓜一类的主要不同点，瓤和肉可以划然分开，不像西瓜那样肉连瓤，没有显著的界限。咱们吃西瓜吃它的瓤，吃香瓜不吃瓤，吃它的肉。这些都是大家知道的，不必细说。香瓜一类通常有黄金瓜、翠瓜，大略有些香味，不怎么甜，有的绝然不甜，上市的时候，咱们也爱尝一尝，应个景儿，可是总不能成为咱们的嗜好。离苏州三十六里有个乡镇叫甪直（甪音陆），我在那里住过好几年，那里出产一种苹果瓜，形状像苹果，小饭碗那么大，青皮绿肉，比一般黄金瓜甜些，苏州一带认为名贵的品种，实际上也不过如此。兰州的绿瓤瓜也大略像苹果，有儿童玩的小足球那些大，皮作白色，白里带黄，并不好看，切开来可好看了，嫩绿的肉好像上品翡翠。咬一口那嫩绿的肉，水分多，味道甜而鲜，稍稍咀嚼几下，就那么和润地咽下去，仿佛没有什么质料似的。吃过一两块，只觉得甜美清凉直透心脾，真可以说无上的享受。

# 233. 水果

在太平年月，街上的高摊与地摊，和果店里，都陈列出只有北平人才能一一列出名字来的水果。各种各样的葡萄，各种各样的梨，各种各样的苹果，已经叫人够看够闻够吃的了，偏偏又加上那些又好看好闻好吃的北平特有的葫芦形的大枣，清香甜脆的小白梨，像花红那样大的白海棠，还有只供闻香的海棠木瓜，与通体有金星的香槟子，再配上为拜月用的，贴着金纸条的枕形西瓜，与黄的红的鸡冠花，可就使人顾不得只去享口福，而是已经辨不清哪一种香味更好闻，哪一种颜色更好看，微微的有些醉意了！

# 234. 桃子

桃树于是又变得茂盛起来，桃子也很快地壮大了。到了七月末的时候，它们都成了满面红光的胖子。它们不仅非常丰满，而且多汁。果皮上虽有一层薄薄的绒毛，但是非常润泽，几乎要闪射出光来。托在手上，每一个果实像一颗庞大的珠子。

# 235. 梨子

你要在天山南麓，在孔雀河畔的库尔勒，能吃到世界上最好的梨。它们的个儿不大，但水分充足，用不着削皮吃，核特别小，这种梨具有香、甜、脆三种长处。

# 236. 苹果

枝叶拂着衣衫，苹果碰着脑袋，当我们走进果园深处的时候，我惊喜地叫出了声。这是来到了什么去处？又该怎样描绘呢？那累累的枝头，那鲜艳的色彩，使我不知怎样设色用笔，又怎样经营画面。我恍若走进了一座绿色的殿堂，这里边藏珠蕴玉，璀璨耀目，好似无数仙子正在轻歌曼舞，竞相争妍，"红玉"是一位雍容华贵的新嫁娘，娇羞的红晕，嫣红的衣衫，在绿枝上闪耀；"国光"是一个欢乐开朗的壮小伙，年轻的笑脸，青翠的服装，拥在树梢飘摇；"倭巾"像个颠顶的大汉，喝成了关老爷样，枝干俯地，醉态倒也娇憨；"元帅"像个魁梧的士兵，趋青的脸，显得分外庄严。所有这些，重迭复压，济济一堂，使得我们眼花缭乱，目不暇接；微风吹来，那沁人心脾的芳香，使得我们有些微醉了。

# 237. 夏季的苹果

多雨的夏季之后，接着是晴朗的秋天。果园里的树枝上挂满了各种果实。红的苹果像牙球一样的发光。有些树木早已披上晚秋灿烂的装束，那是如火如荼的颜色，果实的颜色，熟透的甜瓜的颜色，桔子与柠檬的颜色，珍馐美馔的颜色，烤肉的颜色。林中到处亮出红红的光彩；透明的野花在草原上好似朵朵的火焰。

# 238. 成熟的苹果

正是苹果成熟的时候，一踏进那绿色海洋般的果林里，就闻到一股浓烈的苹果香气。……瞧，那一棵棵枝叶茂盛的果树上，累累的果实把树枝都压弯了，有的树枝竟然被苹果压断了，所以大多数树枝不得不用木杆撑住。

# 239. 收获季节的苹果

收获季节，一枝枝、一树树成熟的果儿，像一群群风华正茂的妙龄姑娘拥挤在一起。它们，并不羞羞答答，而是昂首侧脸，自得其美地眺望着高远的苍穹、彩色的山野；它们，神韵妖媚，温文尔雅，却又矜持、傲岸、自命不凡地俯视着那些曾经为它们付出心血和汗水的人们。它们，是那么红润润的，水灵灵的，容光焕发，鲜嫩欲滴，看一眼，有人口水流涌；咬一口，顿觉香汁横溢。

# 240. 山楂

山楂开始红了，像一个个怕羞的小姑娘，躲躲藏藏地露出半个脸儿，然而它们却给这个小院带来了勃勃生气。

# 241. 石榴

阴历九月中旬，石榴已经长得烂熟了；有的张开着一条一条的娇艳的小口，露出满腹宝珠似的水红色的子儿，逗引着过客们的涎沫。

# 242. 荔枝

荔枝也许是世上最鲜最美的水果。苏东坡写过这样的诗句："日啖荔枝三百颗，不辞长作岭南人。"可见荔枝的妙处。偏偏我来得不是时候，荔枝刚开花。满树浅黄色的小花，并不出众。新发的嫩叶，颜色淡红，比花倒还中看些。

# 243. 芒果

芒果的种类很多，有像牙芒果、三年芒果、阿佤芒果和大树芒果。不论哪一种都非常可口，而以像牙芒果为最好，它果实大，有的有一公斤重、体形细长、美观，尾部肥胖，头部微小，嘴微向胸前倾勾，形状像个"大象牙齿"。它皮薄、肉厚，且细嫩多汁，味道鲜美，蜜甜清香，甜而不腻，营养丰富，是果中珍品，被誉为果中之王。除鲜食外，还可以加工为罐头、糖果片、果条、蜜饯和果酒等食品。其实

小小的芒果芽也好吃极了，酸脆清香，削了皮，放进嘴里顾不上嚼就咽下去了，如不及时放进口里，就会馋涎欲滴。

## 244．菠萝

我们来到一片棕榈树下，树荫里堆着小山似的鲜菠萝，金灿灿的，好一股喷鼻子的香味。……

那菠萝又大又鲜，咬一口，真甜，浓汁顺着我的嘴往下淌。

## 245．香蕉

河岸上蕉树丛丛，香蕉像没有收完的晚熟的稻子，叠叠密密地垂挂在树梢上，又如一串串闪着飞彩的绿玉，几乎把树干都坠断，仿佛又溢出一股甜蜜的腻人的香气。

## 246．葡萄

萄萄呢，就更加绚丽多彩，那种叫"水晶"的，长得长长的，绿绿的，晶莹透明，真像是用水晶和玉石雕刻出来似的；而那种叫红玫瑰的，则紫中带亮，圆润可爱，活像一串串紫色的珍珠。

……

前天，在威海市的陶家夼，我又看到一派更令人喜爱的秋色。那里，除和烟台西沙旺一样有着成片的苹果林以外，更有特色的却是葡萄，那简直是一个葡萄的王国。九十多户的山村，整个笼罩在绿色的葡萄架下。那风光，就别提有多么幽美了。请想象一下那条奇特而美丽的街道吧，那茂密的枝藤顺着架子交叉着爬满了大街的两旁和上空，使得大街成了一条长长的绿色走廊。现在，葡萄都熟了，那一串串亮晶晶的淡绿色、紫红色、米黄色的葡萄，挂满了大街的两旁和上空，人在这大街上走着，就仿佛走进一个琥珀和珍珠缀成的世界。

## 247. 河边的葡萄

流经村前的一条小河，两岸长满了葡萄，姑娘们在葡萄架下面洗衣服，那五光十色的葡萄和姑娘们的影子一起倒映在清澈的河水里。……

## 248. 小院的葡萄

家家户户的院子里也都盖满了葡萄。头一年栽下一棵小小的枝丫，第二年就爬满院落，使得院子和屋里都充满了绿色。人们就在这葡萄架下吃饭乘凉，妇女们则在葡萄架下做针线活儿。

## 249. 小巷子的葡萄

他顺着围墙，走进一个僻静的小巷子。没走几步远，看到围墙上爬满葡萄藤。再仔细一看，绿油油的叶丛里，挂着一串串葡萄。嗬，多好看呀！那碧绿的，长圆长圆，像翡翠球儿；那紫红的，滴溜滚圆，像玛瑙珠儿。颗颗粒粒都沾着白白的粉霜。仿佛碰一下，就要流出蜜汁来似的。别说吃了，看一眼也舒服半天，要是吃它一串，准要甜几天哩！

# 250. 枣

中秋节一到，枣儿长得真快，它们由小到大，由绿变黄，由黄变白，渐渐的，它的朝阳的一面，开始变成淡红色，我们管它叫"披红袍"。秋分一到，它才露出本来面目，由淡红色变成紫色——真正的枣红。枣这东西随着色变，味也在变，它绿时味涩，白时味酸，及至熟了也就是红了时才色香味俱全，具备了受人喜爱的特点：甜中带酸，清香可口，还有点健胃的妙用呢。

# 251. 落花生

花生的用处固然很多；但有一样是很可贵的。这小小的豆不像那好看的苹果、桃子、石榴，把它们底果实悬在枝上，鲜红嫩绿的颜色，令人一望而生羡慕之心。它只把果实埋在地底，等到成熟，才容人把它挖出来。你们偶然看见一棵花生瑟缩地长在地上，不能立刻辨出它有没有果实，非得等到你接触它才能知道。

# 252. 莲子

莲子，它虽然择居于碧水绿叶之上，成长于玲珑莲蓬之中，然而，却不像莲花那样朝开夕合，花期短暂，它有着无比坚韧的品性和惊人的生命力。你看：夏季，当白的、粉的或红的莲花凋谢散落时，便留下倒圆锥形的绿色花托，使人联想到：仙子已乘长风去，水上空留碧玉盘。就在这绿色花托内，有无数子房，即莲蓬。子房内有胚珠，发育而成果实，即莲子。据说，一颗成熟的莲子，不管是委身于水泽沙丘，还是沉埋于乱石泥淖；不管是饱经风雨酷热，还是倍受冰雪严寒，能够历时二百至五百年，依然保持着生命的活力，一旦将其一端搏破，便会胚芽萌发，长出新莲来。

# 253. 蔬菜

早晨的菜田里，流着水茵茵的绿色。青菜，卷心菜，韭菜，菠菜，都给露水洗得油光崭亮。它们一个个都像打扮好的新娘子，准备出嫁到城里去。空气里飘着新割的菜的清香，那里面夹着一丝丝的甜味，滴溜溜的酸味，还有微微的辣味。

# 254. 菜园的瓜菜

我们走进了菜园。在老苹果树和繁茂的醋栗丛林之间，罗列着圆形的、淡绿色的卷心菜；大而扁平的南瓜仿佛在地上打滚；黄瓜在积着灰尘的尖角形的叶子底下发出黄色；高高的荨麻傍着篱笆摇曳着，有两三处地方繁生着鞑靼种的忍冬、接骨木、野蔷薇——是昔日的"花坛"的遗物。

# 255. 村街的瓜菜

村街的上空，攀满了稻草筋编织的绳网，网上铺满一层瓜叶、豆花。网眼里垂挂下来一串串紫红的羊眼豆，一条条翠绿的丝瓜，一只只蜡果一样金黄的锦荔枝。这锦缎似的天幕，从这家门口牵到那家门口，从这条弄堂牵到那条弄堂，银根叔门口那棵枝叶繁茂的香樟树上，挂下许多在别处不曾见过的、枕头形的长南瓜。笔直的棕榈树上，缠绕着螺形的刀豆藤。

# 256. 白菜

远望白菜园圃，白菜以自己硕大的绿叶傲对秋日凌冽的西风，它勇斗寒风，叶片高昂，翘首苍穹，那嫩白的面孔满带精神，那矫健的身姿很有几分英气。翠绿的叶子遮严了大地，好像这秋冬之交又出现了一个灿烂的春天。远远望去，像翠绿的波浪。

# 257. 韭菜

白茎绿叶的韭菜，是和阔别好几个月的和暖的风，和小鸟的啁啾，和融化着的一道一道的雪水，和愈来愈长了的明亮白天，和返青的小麦，和愈来愈频繁的马与驴的嘶鸣，和大自然每个角落里所孕育着、萌动着的那种雄浑而又微妙的爱的力量不可分离地扭结在一起的。

# 258. 萝卜

他走近一片二千多亩的甜萝卜田了。一望无际地尽是甜萝卜。甜萝卜正在成长，那些小植物笔直而整齐地挺立在那里，仿佛体操班里的年轻女学生，像一根一根箭似地排成了行列。

# 259. 宋岗辣椒

王双合怕会计看到自己脸红，只得侧着身继续看着墙上的辣椒串。的确是地道的宋岗辣椒：个大，皮厚，红得油亮，能照出人形。也的确是宋大伯的辣椒串：别人都是把辣椒穿成长串，至多穿成圆串，而宋大伯都是在结成圆串时，两头都还留下两截子，挂到墙上，圆串当中，还吊着两串，使整个辣椒串活像一个红灯笼。

# 260. 小辣椒

密密麻麻的小辣椒，从上到下，挤满了那根细细的枝条，叶子被挤得早早就脱落了，只有一串串的果实，像嘟嘟噜噜的葡萄，红色的、绿色的、半红半绿的，斑斑驳驳，还有那不依不饶仍在拼命向外冒出来的花蕾和没有开败的白花，大家相映成趣，在同一株辣椒枝茎上，显示了从孕育到成熟整个生长的奇妙过程。

# 261. 扁豆

窗前的扁豆爬上墙头，有一根嫩须从窗棂间探进屋来，蜷蜷着犹如一只小手，极力要抓挠什么，却什么也抓不着……

我还在小院两端种了两棵扁豆，扁豆不仅可以做菜，它的紫红色的小蝴蝶花也可以欣赏，现在它们已经爬上铁栏杆了。

# 262. 豌豆

那粉红色的刚刚开放的豌豆花。星星点点，水灵清秀的花儿，被绿色叶片簇拥着，像刚刚醒来的少女扬起头来张望着冬天的太阳。

# 263. 黄瓜

那厨房的窗子上，也就爬满了那顶会爬蔓子的黄瓜了，黄瓜的小细蔓，细得像银丝似的，太阳一来的时候，那小细蔓闪眼湛亮，那蔓梢干净得好像用黄蜡抽成的丝子，一棵黄瓜秧上伸出来无数的这样的丝子。丝蔓的尖顶每棵都是掉转头来向回卷曲着，好像是说它们虽然勇敢，大树，野草，墙头，窗棂，到处的乱爬，但到底它们也还怀着恐惧的心理。

黄瓜秧长得更快，几条嫩蔟不久前还在叶底伸头探脑，怯生生地，今晚居然昂首挺肚，在架上打起秋千来了。社员们的心血和汁水渗进了幼苗，幼苗焕发出蓬勃的生机，日长夜大，吐叶开花，终于结出丰硕的瓜果，奉献给它们的主人。

# 264. 南瓜

他种出的南瓜确实好得出奇：一色身圆蒂正，一色光滑金黄，一色米斗般大小。白露秋分，南瓜收下，摆在床铺下，八仙桌下；个儿大的挨堂屋的北墙码起一溜，展览品一样，足有半人高。

那年，他在菜园里种了一些大的出奇的南瓜，跟装饰在大桥栏柱上的大球一样。南瓜里里外外都透出黄澄澄的颜色，这就是说，已经到了六月中旬了。它们的形状，它们的成熟程度，直至它们的名字，布斯卡伯阿塔斯大爷都一清二楚，特别是对那四十个最肥大、最成熟的南瓜——它们好像在说：把我煮了吧！他每天走过，总是深情地望着它们，并且凄凉地说："我们马上就得分手啦！"

# 265. 草地蘑菇

日出后的草原千里通明，这时最便于去发现蘑菇。无山蘑菇，又嫩又肥厚，又大又鲜甜。这个时候你只要立马向草原上瞭望，便可以

发现一些特别翠绿的圆点子，那就是蘑菇圈。你对着它朝直驰马前去，就很容易在这直径三四丈宽的一圈沁绿的酥油草丛里，发现像夏天夜空里的繁星似的蘑菇。眼看着这许许多多雪白的蘑菇隐藏在碧绿的草丛中，谁都会动心。一只手忙不过来，你自然会用双手去采，身上的口袋装不完，你自然会添上你的帽子，甚至马靴去装。第一次采到这么多新鲜蘑菇，对一个远来的客人是一件最快乐的事。你把鲜蘑菇在溪水里洗净，不要油，不要盐，光是白煮来吃就有一种特别鲜甜的滋味，如果你再加上一条野羊腿，那就又鲜甜又浓香了。

## 266. 山地蘑菇

地上的蘑菇真多，多得像天上的星星。拨开草叶采蘑菇，宛如拨开云彩摘星星。有的蘑菇像一个个撑着小伞的胖娃娃；有的像一口口倒扣着的小钟；有的像杂技演员耍的一排排碟子。

## 267. 野地蘑菇

远远看去，好像开着一片片五颜六色的鲜花。走近一看，原来不是鲜花，是蘑菇！一簇簇，一片片，有的像小孩拳头，有的像大鹅蛋，有的像黄菊花，有的像小红伞和小白伞，有的头顶上还长着一簇灰白色的绒毛呢。

## 268. 口蘑

雨后的草原野花竞放，像一块刚浸过水的花头巾，连露珠儿也都是五颜六色的了！我在一片长势茂盛的草丛里蹲下来，发现那湿漉漉的沃土中，拱出一个白色的小骨朵。这是什么？它们像幼儿园胖娃娃在做游戏，还围成一个半圆圈哩！呵，这是蘑菇，是名闻遐迩的口蘑呀！

# 269. 野菌

那鲜红色的是栎树菌，专门一堆堆地长在栎树兜旁；松树菌是橙黄色的，散发着悠然的松香；鹅黄的南瓜花菌，形如一个个喇叭斗；绿豆菌绿中透白，上面长着豆般的斑纹；雪白的凉伞菌有着长长的脖子，真像一把伸开遮阳的小伞，此外，还有紫色的乌菌、赤铜色的香菌、灰色的草菌，等等。它们好像在喧嚷着，每一阵雷雨过后，就争先恐后地顶开草皮和地层，有的有菜碗大小，有的则如一个个椭圆的小球，各各以旺盛的生命力显示它们的存在。

# 270. 春花

江南的春天给我印象最深的是花，淡黄色的迎春花，银白色的李花，红艳艳的桃花，还有各种颜色的蔷薇花，玫瑰花，鸡冠花……我家院子里就有一颗李树，开花了，一树雪白。我喜欢在树下玩，看鲜艳美丽的花，看蜜蜂、蝴蝶在花丛中飞来飞去。

粉红娇嫩的桃花，白里泛红的杏花，蓝中渗绿的马兰花，金黄灿烂的油菜花，洁白如霜的萝卜花，淡黄清香的兰草花，还有那漫山的映山红，迎着和煦的春风，竞相开放。啊，春花，千姿百态，争妍斗芳，簇拥着山村，环抱着群山。饱赏这花的海洋，花的世界，怎不令人心旷神怡，如痴如醉！

# 271. 野花

　　这里溪流缓慢，萦绕着每一个山脚，在轻轻荡漾着的溪流的两岸，满是高过马头的野花，红、黄、蓝、白、紫，五彩缤纷，像织不完的织锦那么绵延，像天边的彩霞那么耀眼，像高空的长虹那么绚烂。这密密层层成丈高的野花，朵儿赛八寸的玛瑙盘。马走在花海中，显得格外矫健；人浮在花海上，也显得格外精神。在马上你用不着离鞍，只要一伸手就可以满怀捧到你最心爱的大鲜花。

　　说起野花，也是海岛上的特色。春天有野花迎春；夏天太阳一西斜，漫山漫坡是一片黄花，散发着一股清爽的香味。黄花丛里，有时会挺起一枝火焰般的野百合花。凉风一起，蟋蟀叫了，你就该闻见野菊那股极浓极浓的药香。到冬天，草黄了，花也完了，天上却散下花来，于是满山就铺上一层耀眼的雪花。

　　事实上是有许多美妙的东西值得停下来细看。这时正是大烟山林中野花开得最繁华的季节。小径两旁，一路都是叶芥草的白花，有如一片片泡沫。沃土上杂长着延龄草，紫罗兰和其他草兰。我们曾两次在山径转弯时，忽然看到整个山坡上上下下都开满了白色的春艳花，就像一条宽阔的瀑布，从树上直泻到山麓。

# 272. 山花

　　山上一片浓绿，石板缝里时常有一朵朵的小花还在开放。花是小的，但是生命力是这么强，它从那样坚硬的石缝里也要开出花来；花的茎和叶都非常纤小，但是花的颜色红得像早起的朝阳。

# 273. 群花

你简直无法想象，这儿的花，不是一朵一朵，一簇一簇，而一开就是密密层层的一片，在市街上从人家的屋顶上、墙垣上倒垂下来，白的雪白，红的血红，黄的嫩黄，紫的艳紫，宛如一片明霞，灼人心目。说它们是从太阳里喷射出来的，就像明晃晃的火焰从火中喷射出来的一样。

每年春天，迎春花首先开出黄色的小花，报告春的消息。以后接着来的是桃花、杏花、海棠、榆叶梅、丁香等等，院子里开得花团锦簇。到了夏天，更是满院葳蕤。凤仙花、石竹花、鸡冠花、五色梅、江西腊等等，五彩缤纷，美不胜收。夜来香的香气熏透了整个的夏夜的庭院，是我什么时候也不会忘记的。一到秋天，玉簪花带着凄清的寒意，菊花报告花事的结束。

# 274. 花会

这儿仿佛正纷纷扰扰赶着"花会"呢！桃杏花儿引逗着嗡嗡嘤嘤的蜂蝶，像一片片云霞。牡丹花儿打着朵儿，含着苞儿，娇羞娜娜，像是晚妆才罢。白玉兰婷婷地立着，摇曳腰肢，宛如舞着的少女。还有那朱缨、芍药，叫不上名儿的野花，一团团，一簇簇，喝醉了酒似的，挤哟，闹哟，只嫌山坡儿窄。我沉浸在漫山盈谷的异香之中，真觉得心儿摇荡，神欢体轻了。

那仿佛用绸片缀起的黄色的花朵，像一个小小的金碗似的倾斜在亭亭的长茎上，这是野罂粟，花了结成果子，果浆有一种特有的香气。那长得像翠鸟的嘴儿似的，一串串的紫色的花，它是百步根，牧羊人都认识它，而且常常在背包里采集着一些百步根，因为用它煎的水，可以把生病的羊治好。那轻盈得比得上一只只小燕子的小蓝花，它有个美丽的名字，叫作天仙子。老农都认得它，因为它是最好的农药。那像放大了白高粱花一样的花儿，生得遍地都是，这就是人们都知道的韭菜花。它那几何形的花序别有一种诱人的风致。那开得最茂密的蹿得最高的，就叫柳蒿芽儿花，它一开就是一大片，像翠蓝云片一般覆盖在草原上面……

# 275. 初春时节的花

在春天的怀抱中，大自然几乎成了花的世界，各种花纷纷开了，红的艳，白的娇，黄的嫩，构成了一副五彩缤纷的图画，并且发出沁人心腑的芳香。杜鹃花像火一般红，在绿叶的衬托下，显得格外美丽。姿态妩媚的迎春花在风中轻轻摇摆，好像在说："来吧，来喝一杯春天的美酒吧！"雪白的樱花盛开在半山腰，像天边的云霞，又像海里的浪花。

# 276. 万紫千红的花

在春天的怀抱中，大自然几乎成了花的世界，各种花纷纷开了，红的艳，白的娇，黄的嫩，构成了一副五彩缤纷的图画，并且发出沁人心腑的芳香。杜鹃花像火一般红，在绿叶的衬托下，显得格外美丽。姿态妩媚的迎春花在风中轻轻摇摆，好像在说："来吧，来喝一杯春天的美酒吧！"雪白的樱花盛开在半山腰，像天边的云霞，又像海里的浪花。

正是万紫千红、百花斗妍的季节：红的、白的、粉红的、芬芳而且毛茸茸的三叶草花；傲慢的延命菊花；乳白的、花蕊金灿灿的、浓郁袭人的"爱不爱"花；甜蜜蜜的黄色的山芥花；亭亭玉立的、郁金香形状的、淡紫的和白色的吊钟花；匍匐缠绕的豌豆花；黄的、红的、粉红的、淡紫的玲珑的小萝卜花，微微有点红晕的茸毛，和微微有点愉快香味的车前草花；在青春时代向着太阳发出青辉的、傍晚即进入暮年，变得又蓝又红的矢车菊花，以及那娇嫩的、有点摇仁味的，立即就衰萎的菟丝子花。

# 277. 暮春时节的花

正在红瘦绿肥的暮春时节，但是两湖的花卉四时不断。我走过曲折的石桥，桥下的睡莲正沉睡未醒。杜鹃正盛开，白的如棉如雪，红的如火如血，一丛丛点缀在绿树修竹中间。杜若生在水边，很像兰花，但是不像兰花那么娇气；它繁茂得很，茁壮得很。醉人的香气扑面而来，很难分清这是哪一种花的香气。

# 278. 农家院的桃花

春风从南来，带着浓郁的青草芽儿，绽瓣的花儿，翻耕起来的潮湿的新土的醉人的气息，笼罩着山村的农家院落。阴历三月上旬，迎春花开过几茬了，一般山上的桃杏的蕾吐着红。唯独这向阳院中那株大树，因为石头院墙的卫护，肥水充足，见的阳光特别多，此时全盛开了。那繁茂旺盛的桃花枝子，高高地伸展出墙头。天是如此晴朗，月是如此银亮，风是如此和煦，花是如此妍丽，从致招引得那辛勤的蜜蜂，流连忘返，入夜了，还在桃花枝间喧闹。

## 279. 桃花树花蕊

他……遥对八九步外的一株碧桃花树，目不转睛地仔细端详。树上的花还没有开上一半，但是红红白白，夹夹杂杂，重重叠叠，已经绚烂至极点了；细长的枝子，宛如柳条，缀满了花球花蕊，重重地四面张着。

## 280. 三月桃花

三月，正是"吹面不寒杨柳风"的时节。你看，在铺青叠翠的川西平原上，那一片片竹树掩映的人家，美丽极了！不是吗？一树树、一枝枝的桃花，有的斜倚门外，有的探露墙头，明丽鲜妍，灿若云霞，宛如镶在绿满天涯的画屏里。如果你走过墙边和屋外，在花光灼灼，一阵阵细细的嗡嗡声中，一些花瓣会簌簌地落在你的肩头，那是黄蜂在撩动花瓣采蜜。在这时候，我总感到自己沉醉在春天里，从心底禁不住呼喊着："我爱桃花。"

## 281. 杏花

小山村座落在公路边上，举目四望，山上山下，村里村外，远处近处，层层叠叠，多是杏树。到了开花时，村庄就像飘进花海的一只船。你若走在村里，走在弯曲的山路上，走在杏花林中，真是走在一幅极美极美的画中一样。林静花香，撩人遐想。于是那些描绘杏花的诗词，一句一句总往心头上撞："沾衣欲湿杏花雨"。"牧童遥指杏花村。""杏花开了燕飞忙，正是好春光。""杏花堤上雨初晴，日映丹霞十里明。"画境诗意，使人像喝过杏花村的汾酒一样，真有点醉意了。

## 282. 野外的桃花

有一株桐树和三棵桃树。桐树的丫枝还是溜光的。桃花却开了，红艳艳的，连成一片，远远望去，好像一抹粉红的轻云，浮在淡蓝的天底下和深黑的屋檐边。

## 283. 初春杏花

我们的窗外又是杏树吐蕾的春天。一夜润物细无声的春雨，竟至把遍地杏花也催开了，衬着那温润的深色的大地，它愈显得娇艳夺目，即使那靠近老枝的几朵还没完全绽开瓣儿，可花蕾也胀开了缝儿，鲜红鲜红，被那刚露头的太阳一照，像一点一点的火，更加显得精神。

## 284. 梅花

原来这一枝梅花只有二尺来高，旁有一枝，纵横而出，约有二三尺长，其间小枝分歧，或如蟠螭，或如僵蚓，或孤削如笔，或密聚如林，真乃花吐胭脂，香欺兰蕙。

## 285. 踏雪梅花

自古以来，人们特别喜爱梅花。"疏枝横玉瘦，小萼点珠光。"（杜甫诗）它风姿高雅，花色庄丽，清香隽永，枝干苍劲有力。尤其是在冰雪严寒中，那一种生气勃勃，笑迎新春的刚强意志和高尚品格，更使人们由衷地赞赏。所以人们把它和松、竹合称"岁寒三友"。它把单调的冬天景色，点缀得富有生机。

梅枝上挂着圆圆的花苞。梅树知道冬天人间的寒冷，先送来了唯一的花枝，然后才长绿叶……

梅花是冬天最后唯一仅存的花朵，还是春天最早开放的花枝？当积雪压断枝头的时候，百花凋谢，梅花它踏着风雪来了。而当冬去春来，万物苏醒，百花满园的时候，梅花它却又一人先去。是追踪风雪而去呢，还是把它引来的春天留在人间？

梅花恐怕是万花之中，带着最多的心意，为别人忙碌的花了……

清新的空气，振奋了我每一次的呼吸；浓烈的花香，恢复了我麻木的嗅觉。视线里全是梅花，白的，淡红的，朱红的，被绿丝绒样的青松远远的衬着，悦目极了，而且，四周静静的。

# 286. 娇嫩的梅花

视线无意之中垂落下来，脚下的土地，被细雨浸润了，柔糯，纯净，很像演员化妆用的胭脂膏子。上面覆着一层圆圆的、娇嫩的梅花瓣儿，使人不由得产生一个美丽的联想：这土，或许是万千层梅花瓣儿酿就的，脚落重一点，也许能踏出红艳、喷香的汁水儿呢。

# 287. 傲雪的梅花

你看，那不是凌霜傲雪的梅花吗？白梅怒放枝头，花朵像是用无瑕的白玉雕琢而成，晶莹透亮；春梅含苞欲放，鲜红的花瓣紧紧包裹着花芯，嵌在枝上，星星点点，像是在翠绿的枝头上点缀着一粒粒红玛瑙。

# 288. 群梅吐艳

远远就闻见一股细细的清香，直渗进人的心肺。这是梅花，有红梅、白梅、绿梅，还有珠砂梅，一树一树的，每一树梅花都是一树诗。

# 289. 绿梅

大观园外面，有一个叫"梅坞春浓"的景致。那里，在一片宽阔的小丘陵地带，分布着五千多株梅树，这些梅树，有的是几十年的老树，树身苍劲，枝杆似铁，形态傲岸优美。每当春天三、四月间，梅花盛开季节，这儿就如烟似雪，一片粉白，阵阵幽香，飘荡在三、四里外，不亚于苏州邓尉的香雪海。现在，虽然初冬季节，但是有的树上，却也稀稀疏疏的绽出了几朵梅花，这花是淡绿色的，是名贵的绿梅。花儿虽少，却也飘出了缕缕幽香。靠近湖边的梅树，把它那苍劲傲岸的树影，倒映在碧绿的湖水上。微风起处，水波荡漾，树影摇曳，更给这淀山湖风景区平添了几分诗意。

# 290. 腊梅

在这里，我又看见了一年前在井岗山的悬崖陡壁上见到过的腊梅，因为就在眼前，甚至可以走上一步，用鼻子贴着梅花，尽情地吸一口清香，因此看得也更真切了，它自豪地，却又是不露声色地开放着。它的枝干粗而壮，叶子很少。花呈嫩黄色，花瓣几乎是透明的。那淡淡的清香即使是闻上一口，也是可以冲开心扉。它所留给人们的印象，并不是浓艳的色彩，而是从艰难中洋溢出来的，临岁寒而不屈，知春来而不露，俏也不争春，只把春来报的品质……

## 291. 黄色的腊梅

我的窗前，栽着几株腊梅。每当冬季来临，百花凋零的时候，它却英姿勃发，大展娇容。这时，从它那纤细的枝干上，绽放出无数金雕蜡刻般的黄色花朵，吐出比梅花更加醉人的清香，真是"一花香千里，更值满枝开"呀！它那灰褐色的枝条虽然疏散，不及梅枝的苍劲多姿，但我却喜爱它那"玉质紫金衣，香雪随风荡"的清姿丽质，更喜欢它那"枝横碧玉天然瘦，蕾破黄金分外香"的娴雅风韵。

## 292. 隆冬的腊梅

迈进后园，腊梅开得旺盛，几乎满树都是花。那花白里透黄，黄里透绿，花瓣润泽透明，像琥珀或玉石雕成的，很有点玉洁冰清的韵致。落花也不萎蔫，风吹花落，很担心花瓣会摔碎。那硬挺的样子，仿佛哈口气会化，碰一碰会伤。但是梅花可并不是娇嫩的花，它能在数九隆冬带着雪开哩。"众芳摇落独群妍"，天气越冷，开得越精神。

## 293. 金缕梅

凡是有关金缕梅的一切，几乎没有一样不令人惊异。正当春夏应该开花的时候，它却毫无开花的迹象。等到十月杪和十一月寒冬将临，它本身金黄的叶子落了，整个林间树木都光秃秃的时候，它才显得与众不同。那时它就开花了。那时它那没有叶子的枝桠上挂满了毛茸茸的金黄花来，真是姗姗来迟。一年之中，新英格兰一带的花木中，开

花最早的是小柳树，最后开花的就是金缕梅了。

金缕梅的花有四瓣，向外托出，像是四条玲珑的金丝楼一样。在同一枝桠上开的花，可能并有雌蕊和雄蕊。即在北方的树林已经是遍地冰雪时，这种花还会有几朵兀自挺立枝头，不落不坠。在这冬天已近尾声的三月天，我还看见两朵，虽然枯萎了，可是色泽仍旧是黄黄的。就由于这种花的持续力特强，所以金缕梅的另一俗名便叫"忍冬花"。

# 294. 樱花

上野是日本最富盛名的樱花园，夹道是翁郁的樱花村，这些樱花村都经人工剪辑，略呈半球形，花开时如一道月形的彩虹。上野的樱花，与富士的月色、大岛的晴沙、相模弯的荒浪是并美的。但这种美，在日本人眼中也有苍凉味，有一位诗人曾写道："在花的云霞里，钟声是上野的吗？是浅草的呢？"花是快谢的，钟声是一记促醒剂，还是如浅草夫子庙一样，有着怀旧的禅意?!

# 295. 未开的樱花

我去上野的时候，樱花还未开，落叶却先飘零了，有点枯焦的枝叶在晴空无可奈何地颤动着，不禁使我想起曼殊大师的一首脍炙人口的诗："春雨楼头尺八箫，何时归看浙江潮？芒鞋破钵无人识，踏过樱花第几桥。"这位中日混血的诗僧，在异国、春雨和悲凉尺八笛音中，披戴僧服芒鞋，行于落红飘沉的小桥流水间，兴起缱绻的乡念。

## 296. 乡村的樱花

在我童年生活的乡下，有一条樱花巷，那里的樱花像是一群自由自在，但却也羞人答答的村姑，没有人工的巧饰，也没有遭受折枝的顾虑，疏疏落落的枝梗，缀满了细密的花朵，偶尔一阵风起，刹时残瓣遍地，叫你不由得不有人生如斯来去匆匆之警惕，知道樱花巷的人极少，因为它不卖弄，不张扬，一本空山穷林，孤芳自赏的本色，自生自灭，极尽"自然"之能事，这种和谐的契合之美，相信永不可能见之于阳明山或雾社。

## 297. 山路旁的樱花

清晨的山路上，没有别的车辆，只有我们这十一辆汽车，沙沙地飞驰，这时我忽然看到。山路的两旁，簇拥着雨后盛开的几百树几千树的樱花！这樱花，一堆堆，一层层，好像云海似地，在朝阳下，绯红万顷，溢彩流光。当曲折的山路被这无边的花云遮盖了的时候，我们就像坐在十一只首尾相接的轻舟中，凌驾着骀荡的东风，两舷溅起哗哗的花浪，迅捷地向着初升的太阳前进！

## 298. 错落有致的樱花

岚山万绿中的丛丛樱花，龟山公园山坡上错落有致的樱花，大堰川畔，月渡桥两侧的行行樱花，在东风万里都一起飘落了。它们像是听到司花女神的一声号令，成群结队，飞舞而下，落在草坪上，落在石凳石椅上，落在清清的泉水里，落到行人头上、肩上，"拂了一身

还满"，人们也不去掸掉，一任它们粘在头发上、衣襟上，大约是要带着余香归去呢。

# 299．粉红的樱花

随着圆形餐厅的缓缓旋转，我们的视力所及的范围，除了流水般移动着的汽车长河，以及形状各异的高楼大厦之外，在一片片绿荫之间，像一片片白云似的东西都是樱花。翌日，左藤纯子女士和横川健先生，带领我们去千鸟渊赏樱，这时我才发现樱花不都是白的，还有粉色的和红色的。垂樱的样子很像中国的垂柳，嫩红的花枝一直低垂到接近地面；八重樱则花瓣重叠，一簇簇的如霞似火。

# 300．梨花

这梨花，萃成束，滚成团，一簇簇，一层层，像云锦似地漫天铺去，在和暖的春光下，如雪如玉，洁白万顷，溢光流彩，璀璨晶莹。汽车在果园里沙沙飞驰。当道路被这无边的花云遮盖了的时候，就觉得像坐在一只轻舟之中，凌驾着浩荡的春风，两舷溅起哗哗的银浪，心中感到无比的清新舒畅。

# 301．月色下的梨花

当淡雾笼罩花林，月光照满花枝，你将看见漫山遍野，无边无际，尽是雪色银辉，分不清哪是梨花，哪是月光；是梨花被月光浸没了呢，还是月光被梨花溶化了，只见茫茫白浪，渺渺花波，一阵山风吹来，四处飘拂着清香沁凉的气味。和谐极了，新鲜极了！

## 302. 黎明时的梨花

牵着黎明踱到郊外，我被展现于眼前的梨花织就的氛围震摄了。这是怎样的银堆玉砌啊！笼着村子的，是一领白纱；摇人心旌的，是一个素妆玉雕的世界。我呆了，痴了，陶醉了。眼前幻化出一叶小舟，在溶溶的似雾如浪的飘飘渺渺中摇着，荡着，那是洁白的花瓣织成的，那是纯净的落英铺就的……

## 303. 洁白的梨花

梨花的颜色也是美丽动人的。如果说白莲像出浴池的少女的皮肤，如果说玉兰像无瑕疵的白玉，如果说月季像月下白雪，如果说玫瑰像在牛奶缸里浸过，那么，我也不愿再煞费心机地找更蹊跷的比喻来描写梨花了，我将斗胆地说：梨花集了一切白色花种之大成，是它们之魁首和王冠！

## 304. 雨后的梨花

池边梨花的颜色被雨洗得更白净了，但朵朵都懒懒地垂着。姐姐说："你看花儿倦得要睡了。""待我来摇醒它们。"姐姐来不及发言，妹妹的手早已抓住树枝摇了几下，花瓣和水珠纷纷地落下来，铺得银片满地，煞是好玩。

## 305. 马樱花

我知道这些树都是马缨花，……我不由得就站在树下，仰头观望：

细碎的叶子密密地搭成了一座天棚，天棚上面是一层粉红色的细丝般的花瓣，远处望去，就像是绿云层上浮上了一团团的红雾。香气就是从这一片绿云里洒下来的，洒满了整个院子，洒满了我的全身，使我仿佛在香海里游泳。

# 306. 桂花

空气中弥漫着扑鼻的桂花香，从铁栅门看见那一座楼房，天井中的桂花开得正盛，生长着花草的土地以及中间的这石路都被零落的桂花盖满了。金黄色的、白的花瓣，铺满一地。

# 307. 茅屋前的桂花

我们穿过铺满落叶的林地，来到门前栽着两棵桂花树的一幢茅屋跟前。桂花盛开，枝头像洒满了碎小的金子，一股股清香沁人心肺。好像我一天的疲劳都被这桂花香涤洗得干干净净了。

# 308. 庭院的桂花

庭院内，小径曲折，花木清幽。迎面扑来一阵浓香，仿佛芬芳的液体在向四处流溢。那是香水月季，正在盛开。忽而又飘来一阵带有甜味的清香，那是木樨花，尽管只有一点余韵了，却还是那样缕缕不绝。曲径旁，一株老桂似在点头迎接我们。接待我们的吴同志说，这株桂树已是八百多岁的高龄了。这时，张九龄的一句诗："桂花秋皎洁"浮上了我的脑际。

# 309. 平房前的桂花

看，就在那边，在一座普通的平房门前，那棵高大的桂花树，枝繁叶茂，夹绽着金红色的花蕊。……春天，它悄悄换叶，不去争春；冬天，它绿叶扶疏，不畏严寒；夏天，它为住房遮荫，招来阵阵清风，秋天，它又迎着秋霜，吐蕊扬花，把芬芳送进窗口。

# 310. 茉莉花

只要你走进我们家的阳台，你就会看见一朵朵美丽又洁白的花，它就是茉莉花。

茉莉花好像一位白雪公主一样，雪白雪白的，美丽极了。

只要你靠近茉莉花闻一闻，就会闻到一股清香的味道，真让人陶醉。

茉莉花还没有开放的时候，花朵只有一粒黄豆那么大，但是过了几天，花骨朵渐渐长大了，花瓣盛开，一朵茉莉花有十几个白白的花瓣，象雪花一样。

妈妈摘下几朵快要掉到地上的小花泡茶，一股清淡淡的香味藏在茶里，你一定要仔细闻才能闻到。可是我已经闻得很仔细了还是闻不出来，肯定是茉莉花在和我捉迷藏呢。

我拿起已经掉在地上的茉莉花，撕下它的花瓣，一片一片地朝阳台外撒去，这样是不是可以给这座城市带去一阵阵清香？

# 311. 槐花

六月的山乡，槐花的世界。

到了这个季节，我就爱钻进沂山中的槐林，观赏槐花编织的银海佳景，品味槐花清新的幽香。沿着蜿蜿蜒蜒的盘山公路，可达沂山主峰。路旁的谷峪间、崖壁上、溪水畔，密密麻麻的刺槐树都开花了，一嘟噜一嘟噜的银色花穗，从枝桠上垂挂下来，在山风里摇曳，在天幕上飘荡。

# 312. 洋槐花

初夏，冲北高原上的洋槐花开了。槐花，看上去不怎么起眼，小小的，但当那雪白而密集的花苞挂满枝条的时候，一棵树就是一顶硕大无比的花伞。那些白色的小花发出奇异的、令人陶醉的幽香。到了晚间，清风带来格外浓烈的花香，阵阵吹来，使人神清气爽，困顿尽消。

槐花开的时节，延安全城就在这馥郁的花香之中。

一天，小雨过后，我信步来到嘉陵山下的树林子里。这里长满了高大粗壮的洋槐树，远远看去，整个林子的树冠上仿佛落了一层厚厚的白雪。

# 313. 石榴花

从来没有见过这么美的石榴花。

这样红，红得发亮，红的喷光，就像太阳最近边的朝霞。这朝霞里还露着星星呢，瞧，密集的花蕊金黄金黄，都耀眼了。花瓣儿是这么多，花形又这么大，奇妙地皱折着的花瓣儿一层又一层，倘若铺开，连接，该是怎样的一幅红缯啊！

真是名副其实的千瓣红石榴花！

## *314.* 燃烧的石榴花

这是四株石榴树，分列在窄窄的甬道两侧枝丫交错，搭起了一座花红叶绿的天然门楼。树只有一人高，花却开得十分繁茂。低头钻进树丛，真像是上元之夜徜徉于灯市之中，前后左右，俯仰回顾，都是火苗一样燃烧着的石榴花。……在从花到果的生长过程中，呈现出变化微妙的千姿百态——有的蓓蕾婷立，含苞待放；有的半开着，微露金蕊；有的翩然怒放，喷红流彩；有的花瓣已落，子实新萌；也有的花萼圆鼓鼓地胀起，果实已初具规模，挺在枝头随风摇曳。

## *315.* 桐花

在花团锦簇的植物界，最不惹人注目的也许就数干桐花了。……桐花的美是一种集体的美，单个儿看，每一朵桐花只是一只拘谨的喇叭，花的前端微微外翻，露出两线赫然地点缀在花朵内壁的鹅黄，花冠愈接近花蒂处颜色愈深，五根花蕊仿佛一只纤嫩的佛手，又宛如一张古筝的弦。它不像牡丹那样个性鲜明，也不似三色堇那样标榜自己，然而，它却显得协调而和谐，展现出一种统一的仪仗队型的整体美。

## *316.* 夹竹桃

在一墙之隔的大门内，夹竹桃却在那里悄悄地一声不响，一朵花败了，又开出一朵，一嘟噜花黄了，又长出一嘟噜；在和煦的春风里，在盛夏的暴雨里，在深秋的清冷里，看不到什么特别茂盛的时候，也看不到什么特别衰败的时候，无日不迎风弄姿，从春天一直到秋天，从迎春花一直到玉簪花和菊花，无不奉陪。这一点韧性，同院子里那些花比起来，不是形成一个强烈的对照吗？

# 317. 油桐花

油桐花是夏天的号手，春天才去，便鼓动浓密的油桐叶，掀得漫山如醉如痴，只要入得山来，谁也躲不开那逼人眼中的白花绿叶。那白，是掩天盖地的白，那绿，是千寻深碧的绿，错杂烘替，不肯静止，谁不为之燃起心头热络的火？

# 318. 五彩缤纷牡丹花

牡丹花色的丰富几令观者目眩。黄则有鹅黄、乳黄、淡黄、金黄，紫则有浅紫、粉紫、艳紫、乌紫、墨紫，白则有雪白、粉白、青白、黄白、绿白，红则有粉红、桃红、银红、水红、朱红、鲜红、火红、紫红，还有粉蓝、粉紫、淡绿、浅碧、豆绿……说是五彩缤纷，说是万紫千红，说是姹紫嫣红、粉白黛绿，都嫌略粗了。在人们的感觉中，这牡丹花圃简直就是百花园，每一品种，每一朵花，都有自己丰富多变的色彩。

随着川流不息的人群，我们来到了当年周王城的故址——洛阳劳动人民公园，立刻被那迷人的景色吸引住了。你看那红的胡红，黄的姚黄，粉的赵粉，紫的魏紫，还有那白的雪塔，黑的墨葵，千姿百态，五光十色，群群彩蝶在红花绿叶丛中翩翩起舞，晶莹的露珠在阳光照耀下闪烁着夺目的光彩。微风拂来，朵朵花蕊散发着浓郁的芳香。置身在这充满诗情画意的牡丹园里，怎不令人心旷神怡，豪情满怀！

# 319. 牡丹

公园里牡丹花圃一个紧挨一个，可是每个花圃前还围着大群游人。我细细地看着。二尺来高的"童子面"枝棵苗条，叶呈深绿色，边缘却带浅紫色，花色白里带红，娇嫩可爱，更有趣的是花朵开放时微微下垂，活像一个可爱又害羞的娃娃，藏于翠绿欲滴的枝叶之中。"白雪塔"也是洛阳牡丹中的珍品之一，它叶肥棵大，花朵却如冬雪般洁白晶莹，花瓣外层舒展，中间鼓起，宛如一个小小的宝塔。微风吹来，浓香扑鼻，令人心醉。这是特牡丹花中最香的一种。"二乔"真如它的名称一样，每棵总并出朵不同颜色的花，通常是白色和粉色。其他如浅碧色的"大豆绿"，雄姿壮丽的紫色牡丹"葛中紫"，鲜艳惹人的"胡红"等，真是品类繁多，万态千姿。

# 320. 玫瑰

你瞧，依山、傍水、滨渠、夹路，到处是丛连丛、片挨片的玫瑰树，枝繁叶茂，郁郁葱葱。翠枝上，盛开的玫瑰花，红如云霞。我们扑进玫瑰园，清香沁满胸肺，令人心旷神怡。我们围着一丛丛的玫瑰花，像穿飞于花朵间的蜂蝶，闻香观色。这是一幅多么灿烂的天然锦绣图，殷红的花朵似绒绣，花瓣上闪亮着晶莹的露珠，那清香就从那俏丽的瓣层间吐放出来。

# 321. 阳光下的玫瑰花

他们一边这样谈着，一边却已慢慢地走到那珠含羞娉婷的玫瑰花的旁边，几只蝴蝶和蜜蜂看见有人来了，都悠悠扬扬的飞了开去，那艳红的玫瑰花，依在绿叶中间，受着阳光的重照，正好像美女在那里贪睡午觉的样子。

## 322. 玫瑰花王

那两朵顶美丽的玫瑰花自己坐上王位，做起花王和花后来。所有的红鸡冠花排在两边站着，弯着腰行礼。它们就是花王的侍从。各种好看的花儿都来了，于是一个盛大的舞会也就开始了。蓝色的紫罗兰就是小小的海军学生：它们把风信子和番红花称为小姐，跟她们一起跳舞。郁金香和高大的卷丹花就是老太太。他们在旁监督，要舞会开得好，要大家都守规矩。

## 323. 蔷薇

我在林荫路畔发现了一束被人遗弃了的蔷薇。蔷薇的花色还是鲜艳的，一朵紫红，一朵嫩红，一朵是淡黄的象牙色中带着几分血晕。

## 324. 粉红色的蔷薇

粉红色的蔷薇正在盛开，它那颜色是这样娇嫩，叫人真想碰碰它，而又不敢挨近。花枝儿从架子上垂了下来，枝上一簇簇花中，有一朵最大的，随着悬空的枝条轻轻摆动，显得格外鲜艳夺目。

## 325. 水嫩的蔷薇花

的确，她（蔷薇花）是长得这样娇艳，这样鲜丽，这样水嫩。形态又这样的美好，不大不小，不肥不瘦，花片张开，但又这样紧凑，挺秀的花枝支持着它，不疏不密的绿色的叶儿衬托着它。春天的温暖的微风吹来，她微微含笑地向旁边的花朵点头，在这点头中还包含有几分骄傲之意，大有"你瞧，我多美啊！"有时还侧着头来回顾自己的轻盈的体态，有意露出娇憨的风姿。她有点自得，生怕别人不注意她的美丽，有时还故意说上这么一句："这真的是我吗？"接着又是轻轻地叹息一声，包含着自我赞赏的神气。有时她还吐出细微的、清浅的一股香气，这股香气散布在透明的蓝色的空中，使人微醉。

## 326. 挂满果实的蔷薇

　　紧靠着他们身边，长着一丛挂满猩红果实的蔷薇；一两球迟开的奶油色花朵依旧悬挂在一茎较高的枝条上，满含着雨水，哭也似的在那儿摇曳着。……蔷薇花在九月的闲静白云底上垂着头，做着好梦。

## 327. 茉莉

　　村外有一大片茉莉园，花开时节，翡翠似的叶子衬托着一星星白色的小花，分外耀眼。我常常到那里散步。清晨，当薄雾如一层轻纱从柔软的枝条上揭起，第一线金黄的阳光在绿叶间晶莹的露珠上闪耀，我深深呼吸凉爽的带着薄荷味的空气，感到沁人肺腑的惬意。黄昏，淡红的霞彩从远山后隐退，习习的晚风拂过脸颊，带着阵阵醉人的清香。

## 328. 舒花吐蕊茉莉花

　　"点点小玉蕊，纤纤慢销魂"，茉莉花可算是众香国里的小妹妹了。它没有诱人的浓艳，也不结果实。仿佛它知道该谦让似的，悄悄儿，躲在静夜里舒花吐蕊。这就更惹人怜爱了。再说，它的花蕾小如玉豆，却是有多大力就使多大力，要开就占满枝头。颜色也那么莹洁，"偷得梨花三分白"——是的。它小巧的花，偎在矮矮的枝丛间，让你不能不久久徘徊，赞叹层层叠叠的花瓣儿。栽得那么巧，那么精致，那么幽雅。小花小蕾，尽心竭力吐露着久远的芬芳，真是难为它了呀！

# 329. 海棠

我爱繁花老干的杏，临风婀娜的小红桃，贴梗累累如珠的紫荆，但最恋恋的是西府海棠。海棠的花繁得好，也淡得好；艳极了，却没有一丝荡意。疏疏的高干子，英气隐隐逼人。可惜没有趁着月色看过；王鹏运有两句词道："只愁淡月朦胧影，难验微波上下潮"，我想月下的海棠花，大约便是这种光景罢。

# 330. 垂丝海棠

公园路旁的垂丝海棠，尤其引人瞩目。这种落叶小乔木，树态婆娑，树冠疏散，春来繁葩满树，娇柔红艳，因为尚未发叶，红得分外显眼，远望犹如彤云密布，令人叹为观止，近观花蒂细长，花朵悬垂，随风轻飏，确实绰约多姿。

# 331. 秋海棠

我特别喜欢在阳光下或在雨后欣赏它。当束束金光照射在它身上时，它玲珑极了，剔透极了，好像它不是一棵天然植物，而是一株全身光洁、透明、放射红光的"玻璃花树"，那一片片小花，就像一颗颗亮晶晶的红玛瑙，而当一场风雨过后，那水淋淋的玉雕般的姿容更叫人迷恋。不知是花有情还是风有意，每天，秋海棠总是把一片片小花洒落在阳台上，我真不忍心把它们扫去，就让这落红装点着阳台。

# 332. 兰花

看，那兰草披洒着利剑般的绿叶，要是春天来了，叶子中间隐藏着秀雅的兰花。那叶瓣多么好看，绿茵茵，光亮亮的，真惹人喜爱。那姿态，像百花丛中扑扇翅膀、翩翩起舞的蜂蝶。兰花不但形态美丽，而且香气袭人，那甜滋滋，香喷喷的气息溢满院子，使人心旷神怡。

# 333. 山中的兰花

山中的兰花，外貌平常，没有枝干，叶子尖尖的，披着一件绿外衣。花，也是朴素的，不像玫瑰花那样大红大绿，也不像牡丹花那样雍容华贵，而是朴素的绿色。花瓣上只有一些黑色条纹作为装饰，嫩白的花蕊上有两个小黑点，花开时，就像振翅的蝴蝶。

# 334. 金丝马尾兰

（金丝马尾兰）花如白玉，冰肌玉质，宛如一群翩翩起舞的仙女，拨着绿叶幽芳交织成的琴弦，降临人间。淡淡的馨香，宛如仙女们不绝的思绪，碧叶中，露出五条底面透明的金丝，悠悠忽忽的，从叶根伸向叶尖，似断非断，情意绵绵：这是兰族中的佼佼者。

春天里，它绿得是那样生机勃发，盛夏日，它绿得似环绕着一层霜气沁人心脾；秋色中，它绿得饱润而淳厚；严冬时，它笑望着窗外雪原，绿得啊分外矜重而含蓄。朝朝暮菲暮，它淡装素裹；世态变幻，它不隐形匿迹；它给人的第一印象也就是永恒的印象，便是它矢志不渝的形象。

# 335. 菊花

每当九月秋尽万木凋零的时候，大地上已经很难看到不枯萎的花草了，只有菊花在迎霜冒寒开得灿烂一片，绚丽似锦。好像它们决意要和西风较个长短，要与寒霜见个高低。西风越紧，它们开得越茂盛，寒霜越大，它们开得越艳丽。这真不愧是一种富有晚节的可爱的花儿。我爱它们那脱群超俗出类拔萃的风姿；我爱它们那霜前月下暗暗浮动的幽香；我爱它们那绚烂而清雅，艳丽又大方的神采；我爱它们那既不招蜂引蝶又不搔首弄姿的朴素本色，然而我更爱的却还是那傲霜斗雪不怕寒冷不畏强暴的高尚情操和斗争精神。

# 336. 白色的菊花

多么美的菊花啊！细长的白色花瓣，孤单单的几片绿叶，挺立的枝茎。是风摇着它还是它播弄秋风呢？不过狂烈的风没能把它折断，它仍傲然地立在那里，尽管秋风曾夺去它一两片花瓣，但它却还在抗御着寒冷。

这是生长在深山里的一颗菊花！谁会相信在这样荒僻的地方种着这样一颗菊花。

# 337. 凤尾菊

他被这大盆光灿灿的凤尾菊迷住了。

这菊花从一人多高的花架上喷涌而出，闪着一片辉煌夺目的亮点点儿，一直泻到地上。活像一扇艳丽动人的凤尾，一条给舞台的灯光照得烁烁发光的长裙，一道瀑布——一道静止、无声、散着浓香的瀑布，而且无拘无束，仿佛女孩子们洗过的头发，随随便便披散下来。那些缀满花朵的修长的枝条，纷乱地穿插垂落，带着一种山林急息和野味儿；在花的世界里，唯有凤尾菊才有这样奇特的境界。他顶喜欢这种花了。

# 338. 多姿多彩的菊花

深秋，南郊公园的菊花盛开，争奇斗艳。

五彩缤纷的菊花，组成了一幅幅美丽的图画。那秀丽俊俏的干头菊，小巧玲珑；玉肌冰清的银盘菊。素洁淡雅；娇颜羞面的梨香菊，芳香四溢……，此外还有许多名贵菊种，如碗口大的名菊《高山流水》，花瓣弯曲而下，如山泉涌瀑；另一种名菊《绿云》，花儿清绿滴翠，如湖中碧波；至于铁衫淄衣的墨菊，却给人一种质朴无华、稳重端庄的印象。这些千姿万态的菊花，在秋风中傲然挺立，研艳纷呈。其间，尚有几株含苞待放，大概非要再经一次严霜才会出现神韵。

# 339. 大街小巷的菊花

远远就闻到一股清幽的芳香，随风而来，沁人心脾。抬头望去，大街小巷，几乎家家户户的房门口、凉台上，都种着一盆盆、一丛丛花朵灼灼的秋菊。那金黄的、纯白的、艳红的、淡紫的、黛绿的丽花，仰着她们那娇态逗人的圆脸，像是在迎着人们粲然微笑。不时还有一簇簇悬崖菊从墙垣上倒垂下来，摇曳着她那婀娜多姿的玉臂，宛如在欢迎远方的来客。

# 340. 荷花

曲曲折折的荷塘上面，弥望的是田田的叶子，叶子出水很高，像亭亭舞女的裙。层层的叶子中间，零星地点缀着些白花，有袅娜地开着的，有羞涩地打着朵儿的：正如一粒粒的明珠，又如碧天里的星星。微风过处，送来缕缕清香，仿佛远处高楼上渺茫的歌声似的。这时候叶子与花也有一丝的颤动，像闪电般，霎时传过荷塘的那边去了。叶子本是肩并肩密密地挨着，这便宛然有了一道凝碧的波痕。叶子底下是脉脉的流水，遮住了，不能见一些颜色；而叶子更见别致了。

月光如流水一般，静静地泄在这一片叶子和花上。薄薄的青雾浮起在荷塘里。叶子和花仿佛在牛乳中洗过一样；又像笼着轻纱的梦。

# 341. 盛开的荷花

荷花已经开了不少了。荷叶挨挨挤挤的，像一个个大圆盘，碧绿的面，淡绿的底。白荷花在这些大圆盘之间冒出来。有的才展开两三片花瓣儿。有的花瓣儿全都展开了，露出嫩黄色的小莲蓬。有的还是花骨朵儿，看起来饱胀得马上要破裂似的。

## 342. 含苞的荷花

绿池中，舒展开了一片浮萍。有数枝小荷，自水面上直直擎起尖尖的花苞，一朵荷花已抢先探出了粉红的笑靥。阁亭的飞檐上传出瑟瑟的风铃声，如窃窃的情语，使一粒晶亮的露珠从荷叶上倏地滚落了。

## 343. 夜色中的荷花

一片片的荷叶亭亭而立，一颗颗的水滴亮如明珠，一朵朵的荷花像是一个文静的少女不知是羞怯呢还是矜持，在朦朦胧胧的夜色中，花朵刚刚闭合。荷花虽然闭合了，却关不住一池清香。

## 344. 夏日的荷花

炎炎夏日，池中的荷花开始冒出了骨朵儿。荷花自然又是别样风骨了，在水中是那么婷婷的，在风中又是那么颤颤的，出于污泥而不染，濯于清涟而不妖，在那儿静静地开花，静静地结莲长藕，静静地播洒它的馨香。

## 345. 亭亭玉立的荷花

踏着晶莹的露珠，呼吸着清新的空气，走到塘边湖边湖畔，首先映入眼帘的是一片深绿的荷叶。这些田田的荷叶，展绿叠翠，浑圆宽阔；碧盘滚珠，皎洁无暇。翠绿的荷叶丛中，一枝枝亭亭玉立的荷花，像一个个披着轻纱在湖上沐浴的仙女，含笑伫立，娇羞欲语；嫩蕊凝珠，盈盈欲滴，清香阵阵，沁人心脾。清晨的藕塘和莲湖，景色多么迷人。

# 346. 星罗棋布的荷花

首先映入眼帘的是星罗棋布玉立婷婷的荷花。粉荷垂露，盈盈欲滴；白荷带雨，皎皎无暇；怒放的，嫩蕊摇黄，含苞的，娇羞欲语。再加上绿盖叠翠，青盘滚珠，好一幅迷人景色。

# 347. 荷叶

荷花缸里除了铜钱大的浮萍外，新近长出了三张嫩绿的荷叶。叶上有两颗混圆的光亮的雨珠在滚动，有如女孩子的一双眼睛一般活泼。小雨点落到缸中的水面打出无数的圆涡，雨止了，水面又平静了。

# 348. 吊兰

只见它（吊兰）渐渐地抽出五六条弯弯垂垂的花葶，向四边散开。花葶的节上还长着一朵朵玲珑剔透的条形叶丛。远远望去，茸茸的，青青的，像一个个绿色的小球。走近处看，又像是节日夜空中绽开的片片礼花。吊兰居然还开花，一种小巧的白色黄蕊的小花。于是乎，它成了家里人的爱物。

吊兰的生命力似乎很强。夏日炎炎，它照样舒枝展叶。顶着烈日进门一见它，暑气顿消一半。寒冬腊月，它依然是绿意盎盎。踏着风雪归来，见了那喜人的绿色，似又感到春天的快意。

# 349. 昙花

没想到这暮秋时节，还有昙花在绿叶上绽出一个红蕾。……

花蕾一天天迅速长大，成为含苞的花朵，又由下垂而变为上扬，知道一两天里她就要开花了。一个不小心，晚上忘了探视，第二天早上记起了去看时，一个收敛了的花朵下垂着，显出头一天晚上已经有过清丽的开放。

……

昙花恐怕是最不哗众取宠的花朵。她选择了丑陋的枝叶，又选择了素净的颜色，更选择了在人们做梦的时刻开放。这一切，显出她是有意避开热闹和繁华。

颜色虽然是素净的白，花朵却开得动人的美，而且还飘逸着动人的香。

昙花原产墨西哥。花雪白晶莹，从枝边缘的凹口里开出来，一朵花约有三十厘米长，花下部成一长筒，筒的外面还有不少紫色长线形裂片，上部才是一片片雪白的花瓣，开花时筒部下垂而翘起，像个秤钩，在花心里有成束的多得惊人的雄蕊，中间有一条白色的花柱，花柱顶端有十六——十八条形成放射状的柱头。花形美丽且香气浓郁。由于昙花淡素洁白而清香，又在晚上开放，故有"月下美人"的雅号。

# 350. 藤花

泉边石潮苔滑，只看一眼我便从心底生出了一种清凉的感觉。水旁有一架葳蕤的紫藤，老干若虬。起风时，枝叶迎风微曳，摇落了一

地参差斑驳的碎影。

这时候是藤花的黄金时代，叶子是深碧如翡翠，有的淡绿如美玉。花穗倒悬着，如美人身上的绣香束，娇丽可爱。那浓郁的香气，更是使人迷醉。

# 351. 紫藤

我们一踏进后花园，便有一架紫藤呈现在我们跟前。这架紫藤正在开的最盛的时候，一球一球重叠盖在架上，俯垂在架旁的尽是花朵。花心是黄的，花瓣是洁白的，而且看上去似乎很肥厚的，更有无数的野蜂在花朵上下左右嗡嗡地叫着，乱哄哄地飞着。

# 352. 睡莲

她绽开在田田的莲叶上，叶子圆圆的，却并不完整，像是被顽皮的孩子剪开了一个整齐的锐角，也就染上了几分稚气。她，本来也是孩子，在这一群小弟弟似的绿叶中，却像个小大人似的，高傲地仰起了头，虽然稚气依旧留在她那娇嫩的花瓣上，在那花蕊间闪亮的小水珠中滚动着。

# 353. 雪莲

雪莲，花心大如莲蓬，花蕊紫红。花瓣薄如娟纱，纯净洁白。它是在高寒雪山上开放的奇花。可惜离开它生根的土地后，瓣即半萎。在山上雪中时，想来定是亭亭如荷。因为生长在雪线上，很难看到它盛时的容貌。

它在冰川、狂雪、暴风的逆境下生长、艳开。雪莲，应是天半瑶池的灵魂。

# 354. 天山雪莲

如果你从山脚往上爬，超越天山雪线以上，就可以看见青凛凛的雪的寒光中挺立着一朵朵玉琢似的雪莲，这习惯于生长在奇寒环境中的雪莲，根部扎入岩隙间，汲取着雪水，承受着雪光，柔静多姿，洁白晶莹。

# 355. 河边的睡莲

在这北方的短促开花季节内，整条河流的水中植物都乘机盛开。我们经过黑三棱的白色球状花，和慈姑的三瓣白花。我们在毛茛中划过，这种水中金凤花开的是白色而非黄色花朵。所有河中的小花朵，以白色居多。主要的例外是狸藻豌豆似的黄色花朵，黄色睡莲的蓓蕾和开放的花。在一个小湾有海獭足迹通往林中的地方，这个小湾边上铺满了睡莲的黄花。

# 356. 葱兰

　　几场秋雨，小径红稀，这时的葱兰如洗如润，流珠泻玉，别具一番风采了。其叶柔韧狭长，<u>丛丛</u>簇簇，御风而荡，姗姗可爱。翠碧的花茎从叶丛中挺拔而出，那含苞欲放的花蕾，晶莹娉婷，优雅清涓，如同一首优美的抒情小诗。花朵舒展开来，花瓣素洁光润，如刻玉雕琼，花蕊呈黄色，黄白相映，淡雅冰洁，清婉动人。微风掠过庭院，那一朵朵清秀的白色小花，或如美女秀发上冰姿娟娟的一颗颗玉簪，或如一只只白蝶在绿叶间翩跹。

# 357. 葵花

　　春天来到的时候，人们把你的种子埋进土里。不论是在房前屋后，园角畦头，或者在田阡崖上，路旁沟口，你都不择地点条件。不几日，破土而出，挺直腰身，把那笑得合不拢嘴的硬壳放到身旁，伸开圆胖胖的手臂，迎着朝阳往上长。

　　新叶的嫩芽，渐渐地交替地吐露，舒展，一片，两片。扩大，向上，吮饮着太阳的金色乳汁，茁壮地成长起来，一尺、二尺，……长成了身长七八尺的青年。你笑了，你的脸越笑越开朗，越笑越大方。

　　你是太阳的儿子，你长得多像太阳呵，圆圆的脸，放射着金色的光芒。太阳给了你生命，太阳哺育你成长。你的心永远向着太阳。不论是春天的风沙，不管是夏日的乌云，或者是秋季的迷雾，都不能使你迷失方向，都不能扭转你的面庞。

你没有艳丽的花瓣，婀娜的身姿，没有缭绕的枝叶，浓郁的香气。你只托一个金色的花盘，着一身朴素的绿装。在蓝天下，阳光里，努力向上，生长着，挺立着。

# 358. 向日葵

当我们转到西面去时，我们将近走到堪萨斯州顶上。在夏季的几个月，这个联邦中心州的任何一条路，都是一条向日葵路。我们到处都能见到黄金圆盘。牧场上的杂色小马用它作为饲料，路边堆积的向日葵茎，没栅栏的铁丝像是排列的树篱。驾车经过两旁种了向日葵的公路，就像在游行中驾车前进，两边密层层的全是观众的脸孔。我们一路都看到向日葵的窥视脸孔。

# 359. 芦花

芦花开的时候，远远望去，黄绿的芦苇上好像盖了一层薄薄的白封。风一吹，鹅毛般的苇絮飘飘悠悠地飞起来，把这几十家小房屋都罩在柔软的芦花里。

# 360. 山茶花

倒塌的亭子边还有一株山茶树，从暗绿的密叶里显出十几朵红花来。赫赫的在雪中明得如火，愤怒而且傲慢，如蔑视游人的甘心于远行。

# 361. 雪中的山茶花

我们一直跑上最后的观海亭。那里石阶上下都厚厚地堆满了水沫似的雪，亭前的树上，雪下得很重，在雪的下层并结了冰块。旁边有几株山茶花，正在艳开着粉红色的花朵。那花朵有些堕下来，半掩在雪花里，红白相映，色彩灿然，使我们感到华而不俗，清而不寒；因而联忆起那"天寒翠袖薄，日暮倚修竹"的佳人来。

# 362. 室内盛开的山茶

昨晚从山上回来，采了几串茨实，几簇秋楂，几枝蓓蕾着的山茶。我把它们投插在一个铁壶里面，挂在壁间。

鲜红的楂子和嫩黄的茨实衬着浓碧的山茶叶——这是怎么也不能描画出来的一种风味。

黑色的铁壶更和苔衣深厚的岩骨一样。

今早刚从熟睡醒来时，小小的一室里漾着一种清香的不知名的花气。

这是从什么地方吹来的呀？原来铁壶中投插的山茶，竟开了四朵白色的鲜花！

呵，清秋活在我壶里了！

# 363．翠湖茶花

翠湖的茶花多，开得也好，红彤彤的一大片，简直就是那一段彩云落到湖岸上。善之红领我穿着茶花走，指点着告诉我这叫大玛瑙，那叫雷狮子；这是蝶翅，那是大紫袍……名目花色多得很。

# 364．粉红色茶花

她的粉红色花瓣，又嫩又润，恍惚是脂粉凝成的；衬着绿油油的叶子，又厚又有光泽，好像是用碧玉雕成的；一株小树能开许多花朵，前后开花的时间，可以连续两个月。她似乎在严寒的季节，就已经预示了春天的到来；而在东风吹遍大地的时候，她更加不愿离去，即便枝折花落，她仍然不肯凋谢，始终要把她的生命献给美丽的春光。这样坚贞优美的性格，怎能不令人感动啊！

# 365．火焰般的茶花

茶花品种之多，达七十余种。什么蝶翅、大紫袍、雪狮子、大玛瑙、童子面、恨天高……啊，不是记忆力好的园艺家，谁能记得清它们的称号，辨得出它们的容颜呢！花朵之大，有直径达七寸者。颜色有紫，有白，有粉，有红……接枝后，一株树上可开出数千朵五彩缤纷的花朵来。丽江还有上千年的万朵茶呢。尤其是大红的茶花，老远就把人的眼睛，人的心魂都吸住了。盛开时，火焰般的满树通红。

## 366. 水仙花

水仙的球根，离开南国的时候，还在酣眠。它带着碧绿的梦，一到北方，就睁开了惺忪的睡眼，岁暮之际，绽开了清秀典雅的花朵。它真是神姿仙态。修长的叶儿，娇嫩嫩，湿润润，绿盈盈，仿佛是百花女神发出的春天的令箭；玉色的六角花瓣儿，捧着小巧玲珑的金色花芯儿，宛若酒杯。"小酒杯"里挂着一星星小水滴，悠悠颤颤，悠悠颤颤，似乎在赶着酿制辞岁的醇酒呢！

## 367. 严寒的水仙花

松竹虽绿而无花，梅虽有花却无叶。此时，只有水仙花，缃衣飘裙，冰肌肉骨，亭亭伫立于水石之上，在严寒之下，吹香弄影，仪态超俗。难怪古人说它是"凌波仙子"，胜过"岁寒三友"的"劲节之花"。

## 368. 银白的水仙花

在花的氏族中，水仙没有牡丹雍容华贵，没有文竹袅娜多情，没有月季姹紫嫣红，因而往往不被人重视。然而，在那雪花飘落的寒冬，与梅花为伍、含芳吐艳的，不正是水仙么！白瓷盆中，卵石贝壳，清水一勺，就是水仙的立足之地。它默默地生根发芽，抽叶开花，不争奇斗艳，不追求优厚的待遇，在贫瘠的水中石间生存繁衍，这就是水仙的品格。

水仙叶翠绿欲滴，似碧玉琢成，扁平狭小，挺拔刚强。花梗亭亭，其态清高雅致，花朵银白，花蕊淡黄，形如酒杯，宛然如盏，人们便送给它"金盏银台"的雅号。

# 369. 金盏百叶水仙花

相传水仙花是由一对夫妻变化而来的。丈夫名叫金盏，妻子名叫百叶。因此水仙花的花朵有两种，单瓣的叫金盏，重瓣的叫百叶。

"百叶"的花瓣有四重，两重白色的大花瓣中夹着两重黄色的短花瓣、看过去既单纯又复杂，像闽南善于沉默的女子，半低着头，眼睛向下看的。悲也默默，喜也默默。

"金盏"由六片白色的花瓣组成一个盘子，上面放一只黄花瓣团成的酒盏。这花看去一目了然，确有男子干脆简单的热情。特别是酒盏形的花芯，使人想到死后还不忘饮酒的男人的豪情。

# 370. 书房盛开的水仙花

水仙依旧抽芽吐叶，书架的旮旯里活跃着生动的翡翠玉簪，我的心坎像冰山大坂一样恒静、安详、自得。更喜湖绿色的薄纱包裹着的花蕾，像新婚妻子微微隆起的腹部，我沉酣于一枝独秀、五朵金花并蒂的梦。

# 371. 晚风中的水仙花

水仙花盛开，纤细的花梗托着金黄色的穗子，在晚风中摇来摆去。密集地并肩生长的水仙好像一支大军，不管你采摘了多少，水仙丛中都不会出现缺口。草坪尽头的海岸上，栽种了一簇簇藏红花，有金黄的、粉红的、紫红的，但它们这时已过了旺盛的季节，全都耷拉着脑袋，枯萎凋零，好似苍白的雪片。报春花更加低贱，像野草一样，哪里有缝隙就在哪里长，但它并不失为一种赏心悦目的花卉。风信子开花为时过早，它们的穗子仍然藏在去年的残叶底下；但是风信子一经开花，就会使更加卑微的紫罗兰相形见绌，并且胜过林中的羊齿。风信子的艳丽简直可以同天空媲美。

# 372. 野菊花

野菊花自有野菊花不惑无悔的性格和气质。

她不禁锢自己。有花就尽情地开，有香就尽情地放。这一朵迟迟不肯谢去，那一朵挣出半个脸来就开了，从茎顶，从胁下，一下子冒出那么多花骨朵，仿佛一夜之间被风雨唤醒，就一齐把眼睁开，睁得又圆又亮，再也不想闭去。白天盯住太阳，夜晚盯住星星月亮。那份野性，连日月星辰也只能轮番伺候。她把她金子般的本色毫不掩饰地宣泄成河成瀑，又把琥珀色的药香毫无保留地聚散如云如雾。

# 373. 白兰花

白兰树，碧绿的叶面上亮光闪闪，像涂了釉一样。枝头上挂满了一支支橄榄形的花苞，半开不开的。没有风，空气里混和着纯净的幽香。有一些花颜色很鲜艳，可是并不怎么香。白兰纯白，没有娇妍的颜色，但有一种清凉的幽香。香气并不浓郁，但渗透力很强，就连蛛丝不动的天气，它的那股幽香，也能传得很远，一直传送到山塘河里，传送到山塘河上的农船里。

# 374. 牵牛花

张藤蔓缠着麻线卷上去，嫩绿的头看似静止的，并不动弹；实际却无时不回旋向上，在先朝这边，停一歇再看，它便朝那边了。前一晚只是绿豆般大一粒的嫩头，早起看时，便已透出二三寸长的新条，缀着一两张披满细白绒毛的小叶子，叶柄处是仅能辨认形状的花苞，而末梢又有了绿豆般大一粒的嫩头。有时认着墙上的斑驳痕想，明天未必便爬到那里吧；但出乎意外，明晨已爬到了斑驳痕之上。好努力的一夜工夫！"生之力"不可得见；在这样小立静观的当儿，却默契了"生之力"了。渐渐地，浑忘意想，复何言说，只呆树这一墙绿叶。

# 375. 小院里的牵牛花

小院的篱笆上开满了繁星一样的牵牛花，鲜红的，天蓝的，槿紫的……真像一只只彩色的小喇叭，花瓣上闪着几颗晶莹的露珠。

# 376. 夏天的牵牛花

夏天的傍晚，牵牛花开得分外地欢了。

那红色，红得像嘴唇，那紫色，紫得像血管。那样的透明晶莹，比水洗得还清亮，比云擦得还匀细。那颜色，是人间难以调配出的，那颜色，只有在眼睛里才能留存。

# 377. 马莲花

马莲花在十字架的周遭，开的要算最多。蓝色的小喇叭，娇慵地垂着头，好像等着谁来抚摩她一下才好，也许她现在正在想着她那过去的野生的美丽的生活吧，在那散牧着乳羊的草地上，牧羊女韧性的嘴唇，吹在她的花瓣上，五月的天气里，任着那相思的音响，大胆地低回罢！……那时候，她是草原之后啊！但是，而今，伴着这几个无语的幽魂，却只得像祭品一样地沉默着了。

# 378. 野生的迎春花

这时，唯一伶俐多情的便是金溪桥头那一丛野生的迎春花了。它先是染绿了方形带节的枝儿，再度是给自己装点上满身金色的花朵。

……我们非常喜欢迎春花，它像一道道抛物线，由一点向四面八方抛去，而绝无横枝斜出，一束一丛，浓绿如碧。花朵又像用薄叶金做成的精巧的喇叭，一朵朵开着，直开到枝的尽头。

# 379. 鹅黄色的迎春花

迎春花，鹅黄色的花朵并不太大，花儿像个小喇叭。那枝条儿纤长而尖细，是四棱形的，从根到梢，由粗渐细，由深绿变嫩绿，一条条地分披下垂。盛开的花瓣舒展着，多得几乎把枝条覆盖住了。枝头的花蕾正含苞欲放。枝青花黄，搭配得多么协调。

……迎春花又叫金腰带。尽管它没有玫瑰那娇艳的色彩，也没有牡丹那浓郁的芳香，可它性不畏寒，顶着寒风，以顽强的意志，泛绿、开花，第一个用生命向人们报告春天的来临，给大地增添了金色的光彩。

# 380. 丁香花

一阵微风吹来，一缕清幽的香气从鼻子尖上飘过，我深深地吸了一口气，好香啊！真没想到，山腰崖顶竟生长着一片片紫色的丁香花。

我素来喜欢丁香花。淡淡的紫色，朴实中透着华美，自然中不失雅致。那香气是悄悄地，在你不知不觉中飘来，一直沁到人的心里。

# 381. 洁白的丁香花

丁香花开了，洁白得似乎让人不敢靠近，怕有一丝的尘埃污染了

它那洁白的身子，一朵朵，一串串，都凸嘟着小嘴，像在等待着一个惬意的吻。

# 382. 紫丁香

一树烂漫怒放的紫丁香，突兀地挺立在墙角的绿栅栏上，轻盈如纱、恬淡似烟，又宛若一团远方飞来的霞朵，在早晨的阳光下飘浮翻动，好似一阵风来，就会冉冉升空而去。

# 383. 马兰花

马兰花开在童年春天的地边上，一丛一丛地。那茂盛的绿叶如春兰，花状如兰花，花色比春日的蓝天还蓝。它鲜艳，娇羞，躲在叶丛中，蓝的迷人，吐着浓烈的芳香。……马兰花是蓝色的，春天是蓝色的，我的如梦的童年也是蓝色的。

# 384. 合欢花

合欢花又一树一树燃烧起来了。一朵朵一簇簇红绒般的颤巍巍的小花，配着羽毛般抖索索的，修长纤细的密叶，把四周空气染成了银红色而且熏香了。

初夏的花，青春的花！年年我走在你的荫下，沐浴着你新鲜而芬芳的气息。可今年，初夏来临时我病了几天，能出外了，却见你已经红满枝头。这意外的欢乐，更令人酣然欲醉。

合欢俗名马樱；在杜子美那首"山中有佳人"的名诗里，它又叫合昏，"合昏尚知时……"。它那些娇嫩的又轻又小的花朵，到夜晚就会闭合起来。

而在白天呢，它总是尽情地绽放着美和欢欣，整整一夏天。

起风了。轻如羽绒的花朵，一丝微风便会把它吹落。拾起几朵被吹落了的花儿，攒成一小把，就变做了一个芳香的银红色绒球。

于是，一整个夏天被握在了我手中。

# 385. 耐冬花

山坡上，一墩墩耐冬花，婆婆娑娑，生机勃勃，翠绿枝头，红花点点，像是燃烧着的火苗，鲜艳夺目；花分五瓣，火红纯赤，其蕊金黄，微透芳香。那绿叶、红花、黄蕊上，好似抹着一层油奶奶的蜡光。她靠着这层大自然赐予的"玻璃铠甲"，可以抗拒严寒的侵袭，防范海雾的腐蚀，战胜风雨的吹削，抵御干旱的蒸烤。

# 386. 太阳花

北京人喜爱叫太阳花为死不了。死不了的植物学名叫大花马齿苋，它与我国各地野生的马齿苋，同属于马齿苋科。它的别名可多，叫得文雅的有：龙须牡丹、松叶牡丹、金丝杜鹃；叫得通俗的有：草杜鹃、午时花、洋马齿苋，日本人则叫半支莲。

死不了早晨含苞欲放，上午8—9点钟开始放苞，中午在太阳光之下，盛开怒放，如火如荼，午后随着太阳偏西，花儿又渐渐地闭合起来，所以，人们才叫它"太阳花"和"午时花"。它是迎着太阳开花，太阳光越强，花开越茂盛。死不了的花儿开在茎顶，开得大的直径有4至5厘米。

死不了的花瓣有单、重之分。花色有玫瑰红、粉红、棕红、大红、白色、白花红点、雪青、鹅黄、深黄之别。五彩缤纷，鲜艳可爱，花期又很长，自夏至秋开花不败。

死不了，果实成熟期在八月到十月间。果实小，叫蒴果，果形有趣，果实上部仿佛戴顶瓜皮帽，帽子脱落，便会散出无数细小的种子，直径不到一毫米，颜色有银灰色和深黑色两种。你如要采收种子，必须及时采摘果实，否则种子会自行落光，颗粒无收。

# 387. 油菜花

我们急急的走到岸上，一眼望去，全是平坦坦的一望无际的水田，一大片一大片的油菜地，浓浓的厚厚的铺着一层黄花，风吹过来一阵阵的甜香。另一些地里的紫云英也开了，淡紫色的，比油菜花显得柔和的地毯似的铺着。

# 388. 金色的油菜花

站在村头远远望去，涌入眼底的是一片金色的海！壮硕的油菜们几达一米多高，彼此用绿色的手臂搔着痒，微风吹来，都笑得前仰后合。大朵大朵的油菜花，开得肆无忌惮，引得蜜蜂们穿梭般往来，几乎累断了翅膀。

# 389. 郁金香

我去巴黎时届冬令，卢浮宫博物馆门前的大圆坛内暂时无花；但我依然看到了郁金香——在宫门外的巨大花棚中。那花棚是个营业性的花木商场，里面从整株的树到单枝的花全有供应。在一隅陈列着一片本应在春日开放的郁金香——那杯状的花朵傲然挺立着，不但有红、黄、白、紫等单色的花朵，也不仅有单色上洒斑点、带金线或复瓣变形的花朵，更有若丁盏一朵纷呈四色，令人叹为观止。

# 390. 杜鹃花

每当春天来临，牧场、田边；山腰、湖畔；高山、草甸。到处盛开了，美丽的杜鹃花！万紫千红，一直开到夏秋之间。只见大自然抖开了丝绸，甩开了锦缎，大幅大幅的铺在中国大地上，它们覆盖起一座座山峰，使整座山峰都如穿上了剪裁合身的最时新的艳丽的衣衫和裙子。

看，杜鹃花的花海里翻腾着杜鹃花的波涛！在它们上面，千千万万只彩蝶，扑翅飞翔，美丽得使阳光炫耀。蜜蜂成群，在透明的芳香中散播嗡嗡的音波。生物世界，包括美丽的飞禽，美丽的昆虫，以及人类的美丽的少女，无不被这植物世界里的最美丽的杜鹃花激起了嫉妒之情。

# 391. 大树杜鹃

大树杜鹃高达二十五米，满树都是伞形花序，蔷薇色中带紫色。夺目杜鹃颤动着红色的绒花。樱花杜鹃胜似樱花。紫玉盘杜鹃一丛丛的，基底部分深红发紫，顶部洁白无瑕。红线杜鹃、黄线杜鹃、夭红杜鹃、黑红杜鹃、微笑杜鹃、露珠杜鹃、迷人杜鹃，成林成片，漫山遍野，盖地铺天。各种各样的色彩，各种各样的形态，有的清芬沁人，有的芳冽可提炼芳香油；也有低首回眸，也有丹唇皓齿，眄视流盼。

这里，杜鹃成树，高有两丈多。这里，杜鹃树成林，有的是纯林长满了一个个山坡。这里的杜鹃花灿烂而浓密。仿佛这里刚才下过一场大雪。漫天飞舞的雪花现在全部静静的堆在枝头了。一团团的积雪，被日光照耀，放出了幻异的色彩。

尽管我们是喜欢飞步前进的，这时也不能不停下来，惊愕地观赏这样富丽的花海。只要对这花海一瞥，一路疲劳全部消除了。而现在，一路都开满了杜鹃花。请想象，我们如何飞翔在这彩色的云天之上！

这是淡紫色的花，名叫美丽杜鹃。这是花冠钟形呈白色，兼具紫色斑点的花，名叫常丽杜鹃。倒悬岩畔而生长的惟丽杜鹃，其花是淡玫瑰色的。皱叶杜鹃的花，淡粉红色，小萼。正在盛开的承先杜鹃，花黄色，极明亮。长蕊杜鹃开白花，香味浓，花管基部细如管形，雄蕊十余本伸出管外。

这些杜鹃，是峨眉山的特产。它们与一般的映山红不相同。它们不只是红色，而且有紫、黄、玫瑰和白色诸色，映得山五彩斑斓。它们是最名贵的观赏植物，与峨眉的报春花、珙桐花齐名于世界。

# 392. 零落的杜鹃

杜鹃早已零落，芍药正在竞放。湖石根下，曲径两旁，一丛丛，一球球，绛紫的，米黄的，雪白的，都在笑靥迎人。你捧一朵花在手里，你会觉得她战战兢兢，似乎不胜娇羞。花气袭人，特别在艳阴天气是如此，浓香沁入肺腑，你好像要醉倒在花下。

# 393. 映山红

映山红谢得很慢，在枝头挺立着，火红火红的，很硬朗，喇叭形的花冠，一直开得很鲜艳。你要是走山路，走得累了，在它的身旁坐下来休息，你会觉得身上像添了不少力气。

快到清明节，山坡上，地头边，泛出一撮撮鲜红的花朵来，从此越开越旺，几乎把周围的山坡，稀落的山村都包围起来了，它给山区人民带来了真正的春天。映山红，多好听多美丽的名字啊，它把一个个山坡都映红了。春天是美丽的，从映山红的花朵上，最能看出春天的美。映山红，愿你把山区映照得更鲜红，更兴旺吧。

花店里也摆着栽在盆里的映山红，那是经过能工巧匠的培育，从暖房里捧出来的，已经失掉野生的映山红所独有的朴实自然，粗壮健美的土气了。

# 394. 怒放的映山红

映山红正在盛开怒放，像一片片彩霞把山岩峭壁轻轻偎抱，又像一团团烈火在林莽荆丛间熊熊燃烧。鲜红艳丽的花朵，在柔和的晨风里轻摇漫舞……

# 395. 一品红

对一品红，我原先并不怎么太欣赏。乍看之下，总觉得它虽然红得鲜明，但那整整齐齐的薄片，竟像用红纸剪出来的，不比菊花和腊梅那样清雅而又有生气，何况它又并不那么香。

今天，这种感觉却起了变化。倒不是因为它来自城外，比花店里的鲜嫩些，而是它那红光耀眼、充满着生命力的花瓣，顿时使得满屋生春。薄薄的花瓣，远看好像只是"万绿丛中一点红"，近看却红扑扑的连成一大片。不仅那些水仙、海棠黯然失色，腊梅虽赢得三分香，但在它的面前，也不免输却一片红。甚至窗外呼啸着的寒风，似乎也

被这鲜红的光彩照得减弱了气势。

# 396. 千叶莲

远香堂面对着一座挺大的黄石假山，山下一泓池水，有锦鳞往来游泳，堂外三面通廊，堂后面有宽广的平台，其下就是一大片莲塘，种着天竺种着千叶莲花，这是两年以前好不容易从昆山正仪镇引种过来的。原来正仪镇上有个顾园，是元代名士顾阿英"玉山佳处"的遗址，在东亭子旁，有一个莲池，池中全是千叶莲花，据说还是顾阿英植的，到现在已有六百多年，珍种犹存，年年开花不绝。拙政园莲塘中自从把原种藕秧种下以后，当年就开了花，真是色香双绝，不同凡卉；第二年花花叶叶，更为茂盛，翠盖红裳，几乎把整个莲塘都遮满了。并蒂莲到处都是，并且一花中有四五蕊，七八蕊，以至十三个蕊的，花瓣多至一千四百余瓣。只为负担太重了，花头往往低垂着，使人不易窥见花蕊，因此苏州培养碗莲的专家卢彬士老先生所作长歌中，曾有"看花不易窥全面，三千莲媛总低头"之句，表示遗憾。其实我们只要走到水边，凑近去细看时，还是可以看到那捧心西子态的。今夏花和叶虽觉少了一些，而水面却是暴露了出来，让我们欣赏那水中花影，仿佛姹娅欲笑哩。

# 397. 美人蕉

那美人蕉有半人高，茎粗得像小树，叶子肥厚宽大，足有二尺长。她不是纤纤女子，该是属于丰满型的美人。花极红，红得像一团迎风的火，花瓣是鸭蛋形，又像一张少女羞红的脸。而衬着那花的宽厚的绿叶，使人想起小伙子结实的胸膛。这美人蕉，美得多情，美得健壮。

这时，她们挺立在节日的街心拉着手，比着肩，像是要歌，要说，要掏出心中的喜悦。

## 398. 芭蕉

那些令人神往的"陀螺"（指奇峰）中间，不是正在扬花，或已熟未收的金波荡漾的晚稻，就是一丛丛斜伸着玉臂，玉臂四周，满载着翠镯似的一轮轮的香芭。丈把长的蕉叶，迎风舒袖，葱翠欲滴，婀娜妩媚，意态万千。那些含苞待放的深紫色的肥大蕉蕾，调皮鬼一样，从那些迎风轻拂，婆娑弄影的广袖下，悄悄儿探出来，像吸饱墨汁的魁星的大笔头，举起欲落，正要点头似的那么神气。

## 399. 蒲公英

蒲公英开一朵金黄色的花；其实不是一朵而是很多朵，很多花朵形成一个花序，每一朵花下面隐藏一个果——很小的果；就像向日葵也是一个花序，一朵朵花结的一个个果，就是一颗颗葵花籽儿。

而蒲公英的每一个小果上，长有很密很长的冠毛。这些带着冠毛的，组合在一起的小果形成一个毛茸茸的圆球。它是那样地逗人喜爱！

## 400. 田野上的蒲公英

或者就是一团一团小小的山花，大多又都是那苦苦的蒲公英。它们的茎叶里涌动着苦味的乳白色的浆汁，它们的根须在春天被人们挖去作野菜。而石缝间的蒲公英，却远不似田野上的同宗生长得那样苗壮。它们因山风的凶狂而不能长成高高的躯干，它们因山石的贫瘠而

不能拥有众多的叶片，它们的茎显得坚韧而苍老，它们的叶因枯萎而失却光泽；只有它们的根竟似那柔韧而又强固的筋条，似那柔中有刚的藤蔓，深埋在石缝间狭隘的间缝里；它们已经不能再去为人们做佐餐的鲜嫩的野菜，却默默地为攀登山路的人准备了一个可靠的抓手。……

# 401．山丹丹花

你走在延安的山路上，常常可以看见，在那山峁上、河渠畔、石崖旁，甚至在村院窑脑儿上，盛开着一簇簇山丹丹花，它红得像点点碧血，艳得像片片朝霞……

# 402．仙人掌

在盆里栽的仙人掌，它的坚韧的性格已经够使人吃惊了。有水，没水，天热，天冷，它都满不在乎，它都翡翠似的，长满硬刺的掌状茎一直向上伸着，像叠罗汉似的，一片"绿色的手掌"上面长出一小片来，重重叠叠，以这个姿势矫健地挺立着。……

# 403．沙石地上的仙人掌

杂草不长的沙石地上，屹立着一簇簇高过人头的仙人掌，墨绿色的掌面比巨人的手还大，褐色的长刺伸向四面八方，掌顶间或结着果，黄黄的花儿盛开着。烈日下，四周的野草耷拉着脑袋，唯独仙人掌昂首挺胸，敢与太阳争高下。

# 404. 带刺的仙人掌

它遍身是刺，什么野兽，都别想侵犯它；什么害虫，都别想啮食它。一片绿色仙人掌折断跌到地面了，你以为它枯死了么？不，它用它的身体内的养分，又培育出另一片青春焕发的小仙人掌来，这才真叫做"落地生根"呢！这么雄赳赳的带刺的植物，谁料得到，它们却开着鲜艳的花朵！有些仙人掌的花美丽极了。各国的国花，有梅花，有莲花，有玫瑰，有百合，你可想得到，在那遥远的，历史上抗暴英雄辈出的墨西哥，国花就是仙人掌！

# 405. 沙瓜罗仙人掌

两小时之后，我们向南行驶了四十英里，一只灰色的蜥蜴轻快地爬过尘土很厚的地面，留下一道精致的花边，这时，我们顺着一棵沙瓜罗仙人掌的绿色有槽茎柱向上望。它几乎有三层楼那么高。沙瓜罗是仙人掌属中的巨人。其重量可达十吨。其高度可达五丈。其寿命可达二百年——比美利坚合众国的国龄还要长。它那庞大的花朵，金黄色的花芯和乳白色的花瓣，是阿利桑那州的州花。它的图案也是苏诺伦沙漠的象征。

# 406. 仙人球

肉质植物茎美如花，但花比茎更美。那小巧玲珑的花儿，多开在茎的顶端，色彩绚丽，宫粉、桃红、鹅黄、赤紫……花瓣花蕊，色彩不一，或同一色彩而深浅浓淡相间，十分和谐。花的素质，似丝绢，有光泽，清新、挺秀，娇而不弱。花姿多似张开的小伞，也有像孔雀的翎毛。有一花独秀，亦有朵朵小花丛生于球顶，一个仙人球就像一只小花篮。

# 407. 爬山虎

爬山虎刚长出来的叶子是嫩红色。不几天叶子长大，就变成嫩绿色。爬山虎在十月以前老是长茎长叶子。新叶子很小，嫩红色，不几天就变绿，不大引人注意。引人注意的是长大了的叶子，那些叶子绿得那么新鲜，看着非常舒服。那些叶子铺在墙上那么均匀，没有重叠起来的，也不留一点儿空隙。叶子一顺儿朝下，齐齐整整的，一阵风拂过，一墙的叶子就漾起波纹，好看得很。

# 408. 藤萝

我不由得停住了脚步。从未见过开得这样盛的藤萝，只见一片辉煌的淡紫色，像一条瀑布，从空中垂下，不见其发端，也不见其终极，只是深深浅浅的紫，仿佛在流动，在欢笑，在不停地生长。紫色的大条幅上，泛着点点银光，就像迸溅的水花。仔细看时，才知那是一朵紫花中最浅淡的部分，在和阳光互相挑逗。这里春红已谢，没有赏花的人群，也没有蜂围蝶阵。有的就是这一树闪光的，盛开的藤萝。花朵儿一串挨着一串，一朵接着一朵，彼此推着挤着，好不活泼热闹！

# 409. 青苔

漫步苏堤，两边都是湖水，远水如烟，近水着了微雨，也泛起一层银灰的颜色。走着走着，忽见路旁的树十分古怪，一棵棵树身虽然离得较远，却给人一种莽莽苍苍的感觉，似乎是从树梢一直绿到了地下。走近看时，原来是树身上布满了绿茸茸的青苔，那样鲜嫩，那样可爱，使得绿荫荫的苏堤，更加绿了几分。

# 410. 海藻

足足有两个多钟头，我来回在上面月色如银的世界和下面探照灯的潜水世界，那儿大叶藻舒展如带，在海湾底下，海潮激荡之中，摇晃有姿。

海湾的浅水地带长满了大叶藻。一条大叶藻，宽不过八分之三英寸，常常有一码或超过一码之长。这些绿色狭长形如链带的叶子，弯弯曲曲的在水面浮升。探照灯的光亮每次闪光约一分钟，在弯弯曲曲地穿窜，像一条发光的鳗鱼，光影重重，蔓延到大叶藻深处。然后，我浮出水面，站在深可及胸的浅水中，透过湿漉漉淌水的面罩，仰望月华，吸饱氧气，再度潜入水中。

# 411. 花潮

想不到，在周天寒彻的早春，这里正闹嚷嚷赶着花潮。看哟，那粉红月季娇柔地醉卧着；嫩黄迎春泼泼辣辣，像是什么喜事逗裂了嘴儿；倒挂金钟羞羞答答地垂着头；令箭荷花翡翠似的臂弯里，突发一朵朵姹紫嫣红的花儿，宛如卖花姑娘要赶早市；顶鲜活的，要数本该四月开的芍药花儿；打着骨朵的绽笑吐蕊的，脉脉含情……

你看那一望无际的花，"如钱塘潮夜澎湃"，有风，花在动，无风，花也潮水一般地动。在阳光照耀下，每一片花瓣都有它自己的阴

影，就仿佛多少波浪在大海上翻腾，你越看越出神，你就越感到这一片花潮在向天空向四面八方伸张，好像有一种生命力在不断扩展。

# 412. 花海

一脚踏进三月的洞庭湖乡，人像是沉浸在花的海洋里。一望无垠的湖州阔野上，金灿灿的油菜花，紫红色的燕子花，粉白色的荞麦花，淡蓝色的苕子花，黄中点彩的豌豆花，像是鲜明艳丽的色彩，淋漓尽致地倾泼在春风渗绿的田垄里。风吹过，花丛起伏，涌动着彩色的波浪。花里溢出的香味、甜味，把风也浸得甜丝丝的，香幽幽的，泡得人的心也微微发醉。

# 413. 小草

早晨的小草，洒了许许多多的露水珠。这当然是秋天了，看上去有些冷，但太阳一下来，小草立刻泛出一层银白色的光来，晃得我两只眼睛直眨巴。多么好看啊，光芒四射，像一片小小的银海。

# 414. 石块下面小草

你见过被压在瓦砾和石块下面的一棵小草的生长吗？它为着向往阳光，为着达成它的生之意志，不管上面的石块如何重，石块与石块之间如何狭，它总要曲曲折折地，还是顽强不屈地透到地面上来，它的根往土里钻，它的芽往地面挺，这是一种不可抗拒的力量，阻止它的石块结果也被它掀翻。

小草脚下，仅占着一点点泥土，它的需求是那么小；小草的周围，呈现着一大片新绿，它的奉献是那么大。

# 415. 蒿草

一到夏天，蒿草长没大人的腰了，长没我的头顶了，黄狗进去，连个影也看不见了。

夜里一刮起风来，蒿草就刷拉刷拉地响着，因为满院子都是蒿草，所以那响声就特别大，成群结队地就响起来了。

下了雨，那蒿草的梢上都冒着烟，雨本来下得很大，若一看那蒿草，好像那雨下得特别大似的。下了毛毛雨，那蒿草上就弥漫得朦朦胧胧的，像是已经来了大雾，或者像是要变天了，好像是下了霜的早晨，混混沌沌的，在蒸腾着白烟。

# 416. 杂草

环塘杂草丛生，有小穗排列成覆瓦状的雀稗，有穗状圆锥花序的狼尾草，有开着黄色小花的酢浆草，水蓼和革命草也争先向水塘中央伸展；塘里，野菱形成一个大岛屿，一簇簇的槐叶萍好像一个个沙洲，水底再也看不见了妩媚的远山影子和飘浮的彩云！

# 第三章

# 静态写作好句

# 1. 文具玩具

一个又圆又漂亮的灯笼做好了，桔子灯笼像一个红红的小皮球。

我的文具盒，奶黄色的，像一辆小小的公共汽车，既新颖又别致。

小洋娃娃头发金黄金黄的，一直披到肩上，红扑扑的脸，两条弯弯的眉毛下衬着一双又黑又亮的大眼睛，睫毛又细又长，真是可爱极了。

当我学习了一天，作业也写完了的时候，钢笔回到笔套里去，格尺、橡皮都回到各自的"小床"里去睡觉了。文具盒关上了"房间"的"门"，回到书包里去了。

我的玻璃尺非常透明，时刻测量着我的心。

我圆圆的铅笔上，有许多可爱的小白兔、小山羊等美丽的图案。

我刚用钢笔写字时，尖尖的钢笔尖好像在对我说话："一定要珍惜呵！"

# 2. 生活用品

我的台灯是妈妈送给我的礼物，它的外形美观，灯光柔和，一到晚上，就像好朋友似的，和我一起看书学习。

小小的茶盅上画有许多美丽的小茶花，每当端起来，我就感到茶花的香味。

一把小小的折叠纸扇，上面却有远山近水，每当扇一扇，真是轻风扑面。

我的洗脸盆底印有许多红色的金鱼，每当满上水，好像金鱼摇头摆尾地游来游去。

一床绣花的小被盖，是我妈妈亲手缝制的，伴我度过了愉快的童年。

## 3. 交通工具

那大客车非常豪华，就像一间漂亮的房子，载着我们在公路上飞驰。

这艘大船十分现代化，看不见高高的桅杆，听不见轰轰的机声，却在大海里乘风破浪地前进着。

小轿车显得十分精致，黑色的车壳可以照出人影。

他的自行车显得十分特别，前后两个轮子能够折叠起来，还可以展开当床睡觉。

## 4. 建筑雕塑

远眺五祖寺，它高踞于险峻突起的孤峰之上，与庐山隔江对峙，近看五祖寺犹如一只展翅的凤凰。

这座宫殿不仅宽阔，而且还很华丽，真可谓是雕梁画柱、金碧辉煌。

这些石狮子，有的母子相抱，有的交头接耳，有的像倾听水声，形态万状，惟妙惟肖。

桥上的灯亮了，像一颗颗闪闪发亮的珍珠，把大桥的轮廓给画了出来。

夜幕降落了，高楼隐入迷茫夜色中。

远看大桥就像升浮在云空里一样，南来北往的列车飞驰而过，那车灯，那笛声，都仿佛在半空中。近看，你还会发现，这里有绿色的、蓝色的、紫色的……好看极了，好似天上银河落长江。

长城的城楼是那么雄伟，那么坚固，高高地耸立于蓝天白云之间。

琉璃瓦在阳光下闪闪发亮，整个建筑物华丽壮观。

只见在笔直的街道两旁，一幢幢新式楼房拔地而起。

墓碑的全身被盐碱侵蚀成了白色，孤零零地俯瞰脚下的辽阔大地。

原来满身灰尘的大桥，现在被雨水一冲洗，显得干净、清爽，比原来美多了，真像一幅刚画好的彩色图画。

# 5. 地点处所

笔直的街道像一条卧在大地上的巨龙。

陵前，有一条长长的甬道，两边耸立着一对对巨大的石狮、石象、石人、石马，气象森严，雄浑苍凉，给人一种庄严、肃穆、永恒的神秘之感。

在那个公园里，长了许多仙人掌。

那个看台下有许多石礅，是专门为看戏人准备坐的。

在那个街心花园旁边有一尊铜像，那是一位战斗英雄。

# 6. 景物景色

疲倦的月亮躲进了云层休息，只留下几颗星星像是在放哨。

月亮斜挂在天空，笑盈盈的，星星挤满了银河，眨巴着眼睛。

一轮圆月升起来了，像一盏明灯，高悬在天幕上。

月亮睁大眼睛，和蔼地望着村落和田野，极像一个擦亮的铜盘。

圆月渐渐升高，她那银盘似的脸，流露着柔和的笑容。

明镜似的圆月，已经被远方蓝蓝的高山托上天空。

月亮，圆圆的，像纺车，纺着她浪漫的遐思。

夜，静极了，玉盘似的满月在云中穿行，淡淡的月光洒向大地。

一轮杏黄色的满月，悄悄从山嘴处爬出来，把倒影投入湖水中。

# 第四章

# 静态写作好词

# 1. 文具玩具

漂亮　精巧　素雅　精美　色泽　美观　新颖　逼真别致　新鲜　精致　紫砚　钢笔　质朴　凝视　悄悄夺拉　逼真　逆境　精巧　挺拔　清幽　掩映　斑纹　美观　实用　合理安排　有条不紊　忠实伙伴　工工整整　色彩斑斓　小巧别致　鹤发童颜　巧夺天工　张牙舞爪　活灵活现　小巧玲珑　栩栩如生　妙不可言　生机勃勃　赞叹不已　晶莹透亮　悠闲自得　粗细均匀　挥洒自如　书写流利　旋转自如　笔墨纸砚　自然流畅　圆锐藏锋　浓墨喷香　图案新颖

# 2. 交通工具

机座　机身　降落　轿车　船舶　木筏　机舱　卧车船只　渔轮　船板　机翼　电车　叉车　轮船　商船飞驶　机尾　车辆　木船　汽艇　班机　火车　帆船军舰　客机　列车　货车　货船　专机　汽车　游船客船　一掠而过　风驰电掣　直冲蓝天　腾空而起　高速飞行　穿云破雾　快如闪电　银鹰展翅　豪华舒适　乘风破浪　追波逐浪　如鱼穿水　穿梭来往　高速行驶　一叶扁舟　乘风远航　一帆风顺　扬帆远航白帆点点　汽笛长鸣　呼啸而过　劈波斩浪　随风漂流　孤帆远影　经久耐用

# 3. 建筑雕塑

彩虹　卧龙　桥墩　拱桥　桥梁　圆滚滚　古朴　修建　一道彩虹　造型　实用　精巧别致　色调柔和　典雅素净　别具匠心　雅致大方

| | | | | | |
|---|---|---|---|---|---|
| 式样新颖 | 古色古香 | 凌空腾起 | 造型美观 | 气势雄伟 | 清晰明快 |
| 技巧娴熟 | 造型生动 | 美丽壮观 | 以假乱真 | 蜿蜒盘旋 | 别具一格 |
| 构思新颖 | 振翅欲飞 | 姿态迷人 | 洁白无瑕 | 别出心裁 | 气派不凡 |
| 气魄雄伟 | 耀眼夺目 | 布局巧妙 | 结构精巧 | 错落有致 | 雕梁画栋 |
| 小院深深 | 井然有序 | 三宫六院 | 破庙旧寺 | 寺院荒废 | 金銮宝殿 |
| 宫墙高筑 | 殿檐半拱 | 石狮雄峙 | 交相辉映 | 虚无缥缈 | 艺术珍品 |
| 檐角棱空 | 重檐飞角 | 宏伟瑰丽 | 极为壮观 | 飞檐斗拱 | 碧瓦镏金 |
| 手捏佛珠 | 宫门紧闭 | 烟雾弥漫 | 殿宇轩昂 | 高高耸立 | 闻名于世 |
| 凭台远眺 | 尽收眼底 | 气势磅礴 | 蠕动双唇 | 仰天长啸 | 威风凛凛 |
| 昂首伫立 | 张牙舞爪 | 呲牙咧嘴 | 引吭亮歌 | 威武健壮 | 鹤发童颜 |
| 巧夺天工 | 亭台楼阁 | 文化遗产 | 小桥流水 | 装饰华丽 | 富丽堂皇 |
| 宏伟巍峨 | 庄严肃穆 | 巍然屹立 | 长劲圆锐 | 整整齐齐 | 美观实用 |
| 合理安排 | 有条不紊 | 墓碑 陵墓幽静 | 坐落 | 展览 卧室 | 书斋 |
| 气势磅礴 | 华丽美观 | 光辉璀璨 | 历史悠久 | 庄严肃穆 | 深宅大院 |
| 朴素淡雅 | 环境清幽 | 庭院深幽 | 高大坚固 | 精雕细刻 | 窗明几净 |
| 古老庄严 | 金碧辉煌 | 栩栩如生 | 恰如其分 | 光辉灿烂 | 纤巧精致 |
| 幽静舒适 | 五彩缤纷 | 光线柔和 | 灯火通明 | 光彩夺目 | 昂首云天 |
| 蜿蜒盘旋 | 摇摇欲坠 | 活灵活现 | 透明如纱 | 灯光闪闪 | 波光粼粼 |